此情可待成追忆

李商隐诗传

晚来秋■著

航空工业出版社
北京

内 容 提 要

最美不过唐诗。唐诗中许多美好的字句，出自李商隐的笔下。少有人不爱李商隐的诗，少有人能读懂李商隐的诗。他的诗用典丰富，构思灵妙，寄托遥深。似不经意间，那些灵妙的字句幻化出迷离朦胧、绮丽婉约的梦境。

图书在版编目（CIP）数据

此情可待成追忆：李商隐诗传 / 晚来秋著．-- 北京：航空工业出版社，2022.1
ISBN 978-7-5165-2858-7

Ⅰ．①此… Ⅱ．①晚… Ⅲ．①李商隐（812- 约 858）—传记 Ⅳ．① K825.6

中国版本图书馆 CIP 数据核字 (2021) 第 278668 号

此情可待成追忆 李商隐诗传
CIQING KEDAI CHENG ZHUIYI LISHANGYI SHIZHUAN

航空工业出版社出版发行
（北京市朝阳区京顺路 5 号曙光大厦 C 座 4 层 100028）
发行部电话：010-85672688 010-85672689

永清县晔盛亚胶印有限公司　全国各地新华书店经售
2022 年 1 月第 1 版　2022 年 1 月第 1 次印刷
开本：880×1230 1/32　字数：150 千字
印张：8.25　定价：42.00 元

过水穿楼触处明，藏人带树远含清。
初生欲缺虚惆怅，未必圆时即有情。

寒气先侵玉女扉，清光旋透省郎闱。
梅花大庾岭头发，柳絮章台街里飞。

一树浓姿独看来，秋庭暮雨类轻埃。
不先摇落应为有，已欲别离休更开。

青袍似草年年定，白发如丝日日新。
欲逐风波千万里，未知何路到龙津。

巫峡迢迢旧楚宫，至今云雨暗丹枫。
微生尽恋人间乐，只有襄王忆梦中。

闻道阊门萼绿华，昔年相望抵天涯。
岂知一夜秦楼客，偷看吴王苑内花。

前言

最美不过唐诗。唐诗中许多美好的字句，出自李商隐的笔下。少有人不爱李商隐的诗，少有人能读懂李商隐的诗。他的诗用典丰富，构思灵妙，寄托遥深。似不经意间，那些灵妙的字句幻化出迷离朦胧、绮丽婉约的梦境。

元好问在《论诗》中写道：“望帝春心托杜鹃，佳人锦瑟怨华年。诗家总爱西昆好，独恨无人作郑笺。”梁启超也说过：“义山的《锦瑟》《碧戈》《圣女间》等诗，讲的是什么事，我理会不着。折开一句一句的叫我解释，我连文义也解不出来。但我觉得他美，读起来令我精神上得一种新鲜的愉快。”

这种难以言说的美，以《无题》诗为典型，渗透了他的所有诗篇。

李商隐的诗朦胧多义，令人费解。李商隐本人，更遭受过诸多误解。《旧唐书》评价李商隐：“俱无持操，恃才诡激，为当涂者所薄，名宦不进，坎壈终身。”《新唐书》评价李商隐较为客观：“而牛、李党人蚩谪商隐，以为诡薄无行，共排笮之。”李商隐“诡薄无行”，属于牛、李党人的讥讽，而非真实情况。

唐末，以牛僧孺为首的牛党与李德裕为首的李党相互倾轧，朝局动荡不安。李商隐被卷入牛、李党争，实属无奈。他的恩师令狐楚属于牛党，岳父王茂元属于李党。他在牛李夹缝中艰难生存，受尽误解却不得重用。

实际上，李商隐是个至情至性的单纯之人。因为单纯，他才华横溢却沦为下僚，在牛李党争中困惑一生。随着时间的流逝，人们对于他政治操守的质疑消散了，对于他个人情感的误会却逐渐产生。

李商隐的情诗写得缠绵悱恻，难免被误会为多情乃至滥情之人。实际上，他是世所罕见的痴情专情之人。

李商隐少俊而多才，深得女子爱慕。玉阳山的女冠宋华阳，洛中里娘柳枝，都曾与他相知相恋。这几段恋情，虽以遗憾收场，都给他留下了美好的回忆。那些浪漫的诗篇里，李商隐将她们比作仙山天女，对她们不吝赞美与祝福。

成婚后，李商隐与妻子伉俪情深。辗转于各地幕府，他与妻子聚少离多。妻子体谅他的不易，操持家务，毫无怨言。他感念妻子的理解与陪伴，在妻子去世之后频频回忆，写下了许多催人泪下的悼亡诗。因为对亡妻爱之深切，他拒绝了幕主介绍的才貌双全的张懿仙。

在给幕主的书信中，他坦陈："至于南国妖姬，丛台妙妓，虽有涉於篇什，实不接於风流。"他实非随处留情的浪荡公子。那些出现在他诗中的莺莺燕燕，现实中与他并无交集。除了妻子，他的心中再也装不下其他人。

时局纷乱，世道艰难，小人物的抗争显得微不足道。李商隐没有放弃努力与希望，不断以敏感的心灵捕捉人性的光亮。对于亲人、恋人、师友，甚至素不相识的百姓，他都不吝倾注一腔深情。因为这一腔深情，他在坎坷而困厄的一生里，给我们留下了优美的歌吟。

目录

第一章

青葱少年

诗人生性善感，故有『伤春悲秋』之说。天真无邪的少年才子动辄言愁，笔下看似有愁，实则无愁。李商隐却是例外。他的愁绪，来自真实的困厄。晚唐纷争不断，从辉煌走向了没落。他的家族衰微已久，族人羸弱而短寿。纵有惊世才华，也注定尝尽人间悲苦。

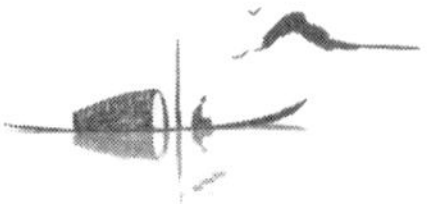

悲情底色·皇天有运我无时

羽翼殊勋弃若遗，皇天有运我无时。

庙前便接山门路，不长青松长紫芝。

——《四皓庙》

回首千年风烟，大唐是最璀璨夺目的明珠。大唐盛世，意味着天下太平、河清海晏，意味着万国来朝、四海臣服。有唐一代，才子意气风发、佳人风华绝代，彰显着无尽的荣耀。

当辉煌落幕，富贵繁华如云雾消散，一个瘦削的身影缓缓浮现。他身着白衣，手执书卷，且行且吟，神情忧郁而寂灭。他就是唐末最有名的诗人，李商隐。

李商隐的诗文中出现过许多神仙，等待穆王的西王母、悔盗灵药的嫦娥、司雪仙子姑射……信手拈来，扣人心弦。也许因为他文字中流淌着神秘而梦幻的色彩，人们叙说他的生平，总免不了提起两个神话故事。

一个故事发生在唐末。洞庭湖上，烟波浩渺。馆阁诸公泛舟游玩，推杯换盏，以“木兰”为题轮流赋诗。一位贫穷的书生忽然登上船，吟诗一首：“洞庭波冷晓侵云，日日征帆送远人。几度木兰舟上望，不知元是此花身。”书生吟罢，飘然而去。

众人大惊，打听之下，才知书生是李商隐的魂魄。他在人世间颠沛流离过完一生，魂魄在木兰小舟上继续漂泊。即便只剩下一缕孤魂，也未改变对诗的热爱与执着。

另一个故事，则发生在北宋。馆阁诸公举办盛宴，丝竹相和，鼓乐齐鸣。诸公吟诗作对，欢言畅饮。酒过三巡，少不了伶人登场助兴。一名穿着破烂衣裳的清瘦男子走上前来。

他的搭档故意问道：“你是谁啊？”男子回答：“我就是唐人李义山啊。”“李义山？你的衣裳为何如此破烂？”男子遥指席上诸公：“我的衣裳，是被他们牵扯撕破的呀。”在场诸公都笑起来。原来，伶人在调侃“西昆体”诗人。他们自诩为李商隐的传承者，有样学样、亦步亦趋，只晓得生吞活剥李商隐的诗句，却未得精髓。

两个故事说完，李商隐的形象逐渐定格。惶惶无助，一介白衣。柔弱单薄的身影里，有掩不住的惊世才华，亦有藏不住的孤寂困厄。时也，命也，运也。李商隐尚未出生，末世衰门已经给他定下了悲苦的基调。

安史之乱是大唐由盛转衰的转折点。得天下易，守天下难，维持一个残破的天下更难。唐王朝挣扎着活过来了，却元气大伤，埋下了亡国的祸根。晚唐的皇帝，几乎都面临着藩镇割据与宦官专权两大隐患。可叹的是，导致藩镇割据的节度使，本是加强中央政权、平定安史之乱的有功之臣。而专权的宦官，原本是皇帝身边最亲近的人。

乱世之中，皇帝也不知该信任谁。曾经写下大量讽喻诗的李商隐，也对皇帝的处境表示过理解和体谅。“远去不逢青海马，力穷难拔蜀山蛇。”励精图治的唐文宗，没有遇到贤臣良将，一生为宦官所制，遭遇甘露之变，郁郁而亡。皇帝尚且如此无奈，朝堂臣子们更是人人自危，结为朋党。

各树党羽、互相倾轧的争斗里，胸怀抱负、满腔热血的士子无所适从、壮志难酬。若无显赫的家族背景作为支撑，免不了成为争斗的牺牲品。李商隐不仅生逢乱世，而且承袭了衰族。他的先祖是凉武昭王李暠，与唐皇室同宗。他在诗中自豪地写过“我本系王孙”，流露出重振门楣的渴望。

历经数百年，他们这一支落籍怀州的李氏家族早已衰落，族人只做过小官僚，与皇族再无关联。更遗憾的是，家族中人体质很差，羸弱而短寿。

李商隐的曾祖父李叔恒才华横溢、年少有为，十九岁就中了进士。若是长寿之人，也许有很不错的前程。可惜，他只活到二十九岁，官位也只到达了县令。李叔恒妻子卢氏年轻寡居，尽心竭力抚养儿子李俌。

李俌虽聪慧不及父亲，但勤勉刻苦，走上了读书做官的道路。他似乎对香火传承有隐忧，给儿子取名李嗣。生下李嗣之后，李俌又早早去世，官位止步于邢州录事参军。卢氏陪伴着新寡的儿媳，共同抚育李嗣。李嗣倒也争气，也顺利进入了仕途。

唐宪宗元和六年（811年）冬天，获嘉县令李嗣忙着处理公务，不觉夜幕降临。家中老仆前来报喜，夫人诞下了一名男婴。李嗣赶回家中，为疲惫的夫人拭去额上的汗珠，感激道："夫人辛劳，我们李家终于有后了！"他抱起夫人枕边熟睡的婴孩，凝视着他娇嫩的脸庞，仿佛收获了人间至宝，心中甚是满足。

李嗣如同他的名字，肩负延续家族香火的重任。他已年过不惑，膝下只有三个女儿。大女儿不幸过世了。二女儿最为乖巧伶俐，却在出嫁之后被婆家送还，自此郁郁寡欢，身患重病。三女儿还没议亲。养育这三个女儿并不顺利，让他操了许多心。但他最焦虑的，还是没有儿子。

这名男婴的到来意义非凡，人丁单薄的李家后继有人了。李嗣查阅典籍，仔细考量，给孩子取名“李商隐”，字“义山”。“商隐”是商山隐士的意思，取自“四皓”隐居商山的典故。“义山”，则指“四皓”为高义出山。

李嗣希望儿子能够像商山四皓一样，出仕入仕恰逢其时，振兴家族、名动天下。更希望他破除家族短寿的魔咒，像商山四皓一样健康长寿，活到须发皆白的年岁。

孩子依然酣睡。他还不知道，父亲给他的名字，包含了两个沉甸甸的愿望。可惜，这两个愿望最终都没能实现。这个名叫李商隐的孩子，没有像商山四皓得体地出仕入仕，而是在牛李党争中的夹缝里度过了一生。他也没能摆脱羸弱的体质，人到中年未老先衰，甚而早早亡故了。

然而，他才华横溢，在后人心中的影响早已超过了四皓。他写下的诗篇，被传颂了千年。

多年以后，李商隐路过商山，拜谒四皓庙，写下了这首诗。

羽翼殊勋弃若遗，皇天有运我无时。
庙前便接山门路，不长青松长紫芝。

“四皓庙”所供奉的，乃隐士商山四皓。“小隐隐于野，中隐隐于市，大隐隐于朝。”中国古代哲学里，隐逸思想源远流长。声名显赫的世外高人中，不乏淡泊名利、超然物外的真隐者。白衣沽酒陶渊明，不为五斗米折腰，采菊东篱下，悠然见南山。梅妻鹤子林和靖，终生不仕不娶，独念“疏影横斜水清浅，暗香浮动月黄昏”。

亦有以隐求仕的进取者。姜子牙垂钓渭水，引来周文王慕名相请。诸葛亮躬耕南阳，得遇刘备三顾茅庐。

“天下有道则见，无道则隐。”在仕与隐、进与退之间，商山四皓做出了正确的选择。

商山之名，源于商鞅变法。商鞅因为有功，曾受封此地。

秦始皇称帝后，召请了七十名博学之士。后秦末大乱，其中四名博士，即东园公唐秉、夏黄公崔广、绮里季吴实、甪里先生周术，隐居于商山。他们须发皆白，被人们称作“四皓”。四位老人以野菜充饥，吟唱《采芝操》：“皓天嗟嗟，深谷逶迤。树林莫莫，高山崔嵬。岩居穴处，以为幄茵。晔晔紫芝，可以疗饥。唐虞往矣，吾当安归。”

汉初，高祖刘邦数次派人请四皓出山，四人坚持拒绝。刘邦欲废太子刘盈。吕后应张良之谋，请四皓相助。一次，刘邦与众皇子宴饮，见太子刘盈的身后站着商山四皓，遂打消了废去太子的念头。四皓助刘盈巩固了太子之位，名声大震，又继续隐居生活。

李白曾作《商山四皓》称颂："白发四老人，昂藏南山侧。偃卧松雪间，冥翳不可识。云窗拂青霭，石壁横翠色。龙虎方战争，于焉自休息。秦人失金镜，汉祖升紫极。阴虹浊太阳，前星遂沦匿。一行佐明圣，倏起生羽翼。功成身不居，舒卷在胸臆。窅冥合元化，茫昧信难测。飞声塞天衢，万古仰遗则。"

将隐居作为求仕的方式，在唐代更为流行。卢藏用考中进士，却不着急做官，而是去终南山隐居，等着朝廷征召。后来，他果然被众人誉为高士，授官左拾遗。这便是"终南捷径"的由来。大唐的才子们怀抱家国天下之理想，在山水田园间寻求着治世之路。

商山四皓辅佐刘盈稳固太子之位，功勋卓著。刘盈即位，吕后当政，四皓却受到了冷落。诗人由四皓的遭遇联想到仕途坎坷的自己，发出"皇天有运我无时"的慨叹。也许，父亲给他取名"商隐"之时，就冥冥中注定了曲折的一生。

父姊离世·未必圆时即有情

过水穿楼触处明，藏人带树远含清。

初生欲缺虚惆怅，未必圆时即有情。

——《月》

李商隐出生之时，家中长姐已离世，三姐尚年幼。二姐姿容秀美，性情温柔，却遇人不淑，嫁到裴家不久，就被退回了娘家。在古代，女子出嫁被休是重大挫折。二姐自此落下病根，往日里活泼灵动的少女整天枯坐在家中，郁郁寡欢，日渐消瘦憔悴了。李嗣和夫人心中着急，请了大夫为女儿瞧病，却不见好转，只能暗自垂泪。

李商隐的出生，给二姐带来了慰藉。她很喜欢这个白白净净、聪明伶俐的弟弟。李商隐特别爱笑，他用软软的小手摸摸二姐的脸，让万念俱灰的二姐重新燃起了生的希望。二姐重新拿起了针线，给弟弟做衣裳。二姐擅女红，做的衣裳合身又漂亮。俊俏可爱的李商隐穿着二姐做的衣裳，摇摇晃晃蹒跚学步，尤其招人喜欢。

二姐擅女红，也通文理。李商隐牙牙学语之时，二姐就开始给他念书。懵懂的李商隐受到熏陶，不久就记诵了好些诗文。家中有人来访，李商隐落落大方地给客人背诵诗文，赢得一片赞许。

这年春日，冰雪消融，轻风拂面，红入桃腮，青回柳眼。三姐和小伙伴们去郊外玩耍，回家给李商隐编了柳环，给二姐折了一枝桃花。

见着桃花和柳条，二姐很是欢喜，仿佛亲自出门踏青。她将桃花供在瓶中。李商隐催促着二姐念诗词、讲故事，这是他最喜欢的事了。

二姐看着红得耀眼的桃花说："今天就讲讲桃花吧。"她用温柔的语调念着："何彼襛矣，华如桃李。""桃李不言，下自成蹊。"阳光明媚的春天，桃花代表着美满繁荣、平安和谐。二姐用憧憬的语调念着："桃之夭夭，灼灼其华。之子于归，宜其室家。"

诗经里，那位美丽的姑娘勤劳善良，嫁过去定能家族兴旺。二姐原本也是宜其室家的好女子，却在嫁人后被送还，自此断了前程。

她用悲伤的语调念着："洛阳城东桃李花，飞来飞去落谁家？洛阳女儿惜颜色，行逢落花长叹息。今年落花颜色改，明年花开复谁在？已见松柏摧为薪，更闻桑田变成海。古人无复洛城东，今人还对落花风。年年岁岁花相似，岁岁年年人不同。”

青春易逝、世事无常，感时伤怀的女子，不及年年绽放的桃李花。念完这首诗，二姐忍不住流下泪来。李商隐还不懂二姐悲伤的原因，只是用他白白净净的小手，为二姐擦去眼泪。

三姐略懂事些，宽慰二姐：“听爹爹说，我们快去江南了。江南有许多的桃花、燕子、蝴蝶。那边天气和暖，流水潺潺，最适宜将养身子。二姐的病很快会好起来的。”二姐憧憬而神往，露出久违的笑容。但天不遂人愿，还没有等到去江南的那一天，二姐就香消玉殒了。

李商隐听着父母和三姐痛哭，看着亲戚们忙碌的身影，还不甚明了。当他看到二姐被放进黑色的大盒子，抬出门外，小小的心中忽然涌上悲伤之情，失声大哭。他仿佛知道，无论如何，那个给他讲故事、为他做衣裳、给他糕饼吃的二姐再也回不来了。

多年后，李商隐为二姐迁坟，再次想起二姐的音容笑貌，请卢尚书撰写墓志铭。《请卢尚书撰李氏仲姊河东裴氏夫人志文状》：“仲姊生禀至性，幼挺柔范，潜心经史，尽妙织纴。钟、曹礼法，刘、谢文采。顾此兼美，自乎生知。”二姐德才兼备，却体弱多病，又被夫家退回，活了不到二十岁。二姐的死亡，让商隐第一次感受到了人生的无常，给他的心灵留下敏感忧郁的底色。

元和九年（814年），获嘉县令李嗣离任，受邀前往浙江越州（今浙江绍兴），成为浙东观察使孟简的幕僚。李商隐跟随家人一起，来到了风光旖旎的江南。李商隐跟着大孩子们去大街上逛灯市、看杂耍、吃糕饼。逛完了大街，又去郊外玩耍。他们追逐一条条溪流，跑过一座座青石桥。他们在草地里扑蝴蝶，在山坡上放风筝。

跑累了，李商隐躺在柔软的草地上，花朵在他眼前苏醒，燕子在他耳畔呢喃。春风吹面不寒，风铃低唱婉转。他尝着山间采集的野味，野菜尚苦、野果微酸，大多不甚美味。奇特的味觉打开了他心中的丰美富饶之门，催发出无穷无尽的灵感。

不出去玩的时候，李商隐跟着父亲读书写字。江南山川秀美，水汽氤氲，将他滋养成为灵气充沛的小少年。李商隐生性敏慧，五六岁的时候，就能流畅地诵读许多文章。虽然还不能完全理解书中的意思，对于五六岁的孩童，已经很难得了。李嗣文章写得好，字也写得漂亮。李商隐有样学样临摹，才七八岁就练出了一手好字。

李商隐后来在《上崔华州书》提过这段启蒙教育："五年读经书，七年弄笔砚。"李嗣发现商隐天赋过人，便允许他自由翻阅藏书。父亲处理公务之时，李商隐在父亲的藏书房流连忘返，翰墨香里度过童年。

光阴飞逝，很快到了穆宗长庆元年（820年）。这六年间，李家发生了一些变化。李夫人又陆续生下了几个孩子，李商隐多了几个弟弟妹妹，家里人丁兴旺了。府主孟简离开了浙江，李嗣转而成为浙西观察使李翛的幕僚，全家人从越州（今浙江绍兴）搬去了润州（今江苏镇江）。不多久，李嗣晋升为殿中侍御史。

眼下，李嗣无论事业还是家庭，都在朝好的方向变化。李嗣俸禄有增，李家人衣食愈加丰足，孩子们将山清水秀的江南当做了第二故乡。虽说年纪不小，身体较差，李嗣依然对未来充满了期待。聪明伶俐的孩子们让他欣慰。照这样发展，也许过不了多久，他就能带领孩子们实现振兴门楣的愿望。

这一年中秋节，李夫人备足了酒菜，跟孩子们一起等待李嗣回来吃团圆饭。李嗣拖着疲惫的身体回到家中，还来不及走到饭桌旁，就病倒了。体质羸弱，多年劳累奔波，让李嗣的病情来势汹汹，很快去世了。还没有过上几年好日子，李夫人就失去了丈夫。十岁的李商隐，以及少不更事的弟弟妹妹，突然之间失去了父亲。李商隐仰望天空，昭示着圆满的中秋月散发着悲凉的光芒，不免生出“未必圆时即有情”的感慨。

过水穿楼触处明，藏人带树远含清。

初生欲缺虚惆怅，未必圆时即有情。

众多的自然物象中，月以形之柔美、色之淡雅，备受文人喜爱。月光通透而晶莹，所到之处，遍洒皎洁的光芒。却又清冷遥渺，遥不可及。清澈幽冷的月光让空间明净，也让赏月之人心灵宁静，不免抬头看看天上的月亮。天上的月亮有三种状态，新月、圆月、残月。“初生”指月初的新月，“欲缺”指月圆后的残月。月亮不断变化着，由缺到圆、由朔到望。

月圆月缺，本是自然规律。但古人无法理解其中的奥秘，只能观物取象，在赏月之时，将月亮与身世联系起来，赋予它特殊的意义。

在诗人笔下，满月与新月、残月有着全然不同的含义。满月圆润充盈，令人喜悦。李白以儿童的视角，描绘出圆月的可爱有趣：“小时不识月，呼作白玉盘。又疑瑶台镜，飞在青云端。”圆月在水中的倒影，犹如天镜一般，与云彩幻化成海市蜃楼："月下飞天镜，云生结海楼。"

满月还象征着团圆。天上圆月高悬、澄澈安宁，地上亲友团聚、美满温馨。即使不能团聚，也会遥传祝福："海上生明月，天涯共此时。"

新月、残月如钩，总能勾起诗人心底的忧戚寥落，抒发思乡之孤独、失意之苦闷、羁旅之彷徨。

李煜亡国离乡、故土难返，幽禁之时，以残月写尽孤寂无奈："无言独上西楼，月如钩。寂寞梧桐深院锁清秋。"辛弃疾有心报国却处境艰难，慨叹："故人何在，长歌应伴残月。"韦庄爱姬为人所夺，心境凄凉，以残月道出黯然不舍："惆怅晓莺残月，相别，从此隔音尘。"李清照年华老去、病体缠绵，残月意味着悲怆凄凉："病起萧萧两鬓华，卧看残月上窗纱。"

世间难有十全十美之事，花好月圆并非人生的常态。人们因为月的圆满而欢喜，因为月的残缺而惆怅。但商隐仿佛更加悲观。"初生欲缺虚惆怅，未必圆时即有情。"新月和残月令人惆怅，但最圆满的月亮也未必对人有情啊！

堂叔教导·不识寒郊自转蓬

外戚平羌第一功，生年二十有重封。
直登宣室螭头上，横过甘泉豹尾中。
别馆觉来云雨梦，后门归去蕙兰丛。
灞陵夜猎随田窦，不识寒郊自转蓬。

——《少年》

李嗣去世，李家顿失主心骨，只剩下李夫人和孩子们相依为命。商隐不过十来岁的年纪，他还有几个更小的弟弟妹妹。他们没有办法在浙江继续生活，也不知道下一步该怎样走。悲痛之后，李夫人决定将丈夫的灵柩送回故乡。

李商隐在写给二姐的祭文《祭裴氏姊文》提到过当时的境况：“浙水东西，半纪漂泊。某年方就傅，家难旋臻。躬奉板舆，以引丹旐。四海无可归之地，九族无可倚之亲。既祔故丘，便同逋骇。生人穷困，闻见所无。”李商隐担起长子的责任，身着孝服，手持丹旐，陪伴着母亲，带领着弟弟妹妹，水陆兼程将父亲的灵柩送回郑州荥阳安葬。

回荥阳的路途凄惶孤苦，回去之后的生活更加艰辛。虽说是回故乡，却如同逃难一般。没有田地房屋，没有可倚靠的亲戚，孤儿寡母该如何生存下去啊！

长大之后的李商隐，这样回忆当年贫苦窘迫的处境："无文通半顷之田，乏元亮数间之屋。"江淹说过隐居需要五亩之宅、半顷之田。陶渊明自述隐居生活："方宅十余亩，草屋八九间。"

隐居之人淡泊名利，终日以管弦丝竹为趣、以雅卷仙禽为伴、以躬耕田园为乐，放弃了对浮华生活的追求。即便如此，还是需要田地、宅院等基础生活资料。这些东西，李商隐都没有。老家没有田宅，又因为李嗣的离世失去了收入来源，李家生活拮据、举步维艰。李夫人靠着丈夫留下的微薄积蓄，靠着亲朋好友偶尔接济，带着孩子们艰难度日。

穷人的孩子早当家。三年守孝期刚满，李商隐就出门为家庭寻找出路了。他在《祭裴氏姊文》中写道："及衣裳外除，旨甘是急。乃占数东甸，佣书贩舂。日就月将，渐立门构，清白之训，幸无辱焉。"

他前去一个叫做东甸的地方入了户籍，成为了这个地方的正式人口。接下来，就该想办法挣钱了。一个十二三岁的小孩子，能做什么工作呢？本该是两耳不闻窗外事、一心只读圣贤书的年纪，却因命运捉弄，背负了养家的重任，踏上了充满无奈和艰辛的道路。他四处寻找活计，却无人收留。没有任何别的选择，只能“佣书贩舂”。

贩舂，简单来说，就是买入谷物粗粮，脱壳做成细粮之后，再转手卖出去。这是个纯粹的力气活。李商隐把谷物倒进石臼，用沉重的碓头砸向谷粒。不多时，就累得全身发麻，汗流浃背。他咬紧牙关，想着满面风霜的母亲，想着年幼的弟弟妹妹。想着多做一些，就可以多换一点钱，给母亲和弟弟妹妹多买一顿口粮。

相较于贩舂，李商隐更擅长佣书。佣书，就是代人抄写的工作。在唐代，印刷术尚不发达，不能快速复制文字，只能人工抄写。政府和私人，都有抄写文字的需求。唐太宗曾经让魏徵领写四部群书，召集了许多人抄写校对。这些人里面，不乏民间人士。

民间有许多抄写书籍、誊写文件及帮人写信的手艺人。这种工作是有门槛的，需要一定的文化水平，还要字迹工整有耐心。李商隐能够识文断字，字也写得漂亮，就加入了他们的行列。

刚开始，大家不太信任这个十二三岁的小少年。李商隐并不解释，只是默默做好工作。不多久，大家发现，这个小少年文笔流畅，字迹清秀，甚至胜过了许多成年人。代写书信之时，还准确捕捉了寄信人的情绪，点出了言外之意。渐渐的，请他的人多了起来。

于是，李商隐开始了白天贩舂、夜晚佣书的工作。夜深人静之时，他点着灯，在桌旁安静地抄写着。他写得并不快，抄写的工作容不得一点错误。直写到眼睛酸痛、手腕乏力，他才能放下笔休息。

唐代，名门望族多有藏书的习惯。有时候，雇主让李商隐抄写罕见的好书，他如获至宝，顿时精神百倍。他寻章摘句，将精华部分记录下来，反复研读。在赚取报酬的同时，不知不觉中扩大了阅读面。长大之后的李商隐，对各种生僻晦涩的典故运用自如，跟他少年时从事抄写的工作不无关联。

辛苦地工作了一段时间，家中窘迫的境况有所改善。偶尔得闲，李商隐回忆起父亲的谆谆教诲。父亲教他读书习字，让他有了生存下来的基本技能。父亲不想他只做一名佣书贩舂的手艺人。他希望孩子们考取功名、走上仕途、光耀门楣。但是，仅仅依靠碎片化的自学方式，肯定无法考上科举。

幸好，他遇见了自己的老师，李处士。算起来，李处士是李商隐的堂叔，亲缘关系不算远。有才德而隐居不仕的人被称作处士。李处士自幼饱读诗书，年轻时曾参加过科举考试，还进过京师太学。原本前途一片光明，没想到父亲身患重病。李处士离京返乡，陪伴父亲。数十年后，父亲离世，李处士已经人过中年，彻底没有了入仕途的想法。

虽然没有了入仕之心，李处士没有停止研究学问。他满腹经纶，恪守孝道，深得乡邻钦佩。大家都知道，这位李处士是文化水平和道德水平很高的人，同时也是很有个性的人。他正直孤傲、洁身自好。这些品质，在世俗之人的眼中，可以算作乖僻古怪了。

在《请卢尚书撰故处士姑臧李某志文状》中，记录了李处士治学处世的故事。

李处士的字写得非常好，却不愿意让别人看到他的字迹。他若跟人写信，都是一边口述，一边请别人记录。他曾经为了给亡父祈福，手书佛经于石碑上。不曾想，越来越多的人到石碑上拓印。李处士随即把石碑运到佛寺中，将其混入碑林里，叫人再难寻觅辨认。

即使晦迹隐道至此，李处士的才名依然广为传播。

武宁节度使王智兴邀请他做幕僚。对于一般读书人而言，这是天大的好事。他不但拒绝了，还丢下了一句话："从公非难，但事人匪易。"这句话直白爽利，跟李白"安能摧眉折腰事权贵，使我不得开心颜"有异曲同工之妙。为公家做事并没有什么困难的，但让我伺候人却不容易。毕竟府主与幕僚之间的关系，有类似主仆的意味。

有人从中分析出了弦外之音。那王智兴原本是上一任节度使崔群的下属。他费了些不光明的手段，排挤了崔群，才当上了武宁节度使。李处士“从公非难，但事人匪易”说法，颇有讥讽他的意思。

李处士为人处世很有个性，他所做的学问也与常人不同。当时流行的是辞藻华丽、句式固定的骈文。但李处士毕生只作古文，从不写骈文。李商隐和弟弟一起在李处士的教导下学习，深受其影响。长大以后，他回忆这段求学苦读的时光，不无骄傲地写道：“十六能著《才论》《圣论》，以古文出诸公间。”

《才论》《圣论》早已失佚，我们可以从笔力矫健的《韩碑》、文辞典雅的《柳枝诗序》中感受到李商隐惊人的古文笔力。

少年时期，老师对学生的影响是全方位的。李商隐跟着李处士，打下了扎实的文字基础，练出了高超的文字驾驭力，却也养成了正直孤高的个性。这样的性格，让他不屈从权势、不违背本心，注定让他的人生困难重重。

外戚平羌第一功，生年二十有重封。
直登宣室螭头上，横过甘泉豹尾中。
别馆觉来云雨梦，后门归去蕙兰丛。

灞陵夜猎随田窦，不识寒郊自转蓬。

李商隐写诗善用典。这一首《少年》，诗人列举了古时候几位少年有成的名将。

“外戚”指的传奇战神卫青和霍去病。卫青是汉武帝第二任皇后卫子夫的弟弟，平定外族屡立奇功。卫青的外甥霍去病大破匈奴，二十来岁就获得了重大封赏，官至大司马。他们享受着极致的富贵荣华，可以随意出入皇宫及皇帝行宫。但李广将军身陷田蚡与窦婴的争斗，还没有意识到，自己的命运如同冷风中翻飞的蓬蒿。

王维《老将行》也表达了类似的观点：“少年十五二十时，步行夺得胡马骑。射杀山中白额虎，肯数邺下黄须儿！一身转战三千里，一剑曾当百万师。汉兵奋迅如霹雳，虏骑崩腾畏蒺藜。卫青不败由天幸，李广无功缘数奇。”卫青没有在战场上失败过，那是天神庇佑。李广没有立功，却是时运不济。

不识寒郊自转蓬的比喻多么无奈，分明写的是诗人自己。李商隐出身寒微，未能得到与才能相匹配的荣耀，像极了善战无功的李广将军。此诗题为《少年》。父亲去世之时，李商隐正迈入少年。

邻家青梅·八岁少女偷照镜

八岁偷照镜，长眉已能画。

十岁去踏青，芙蓉作裙衩。

十二学弹筝，银甲不曾卸。

十四藏六亲，悬知犹未嫁。

十五泣春风，背面秋千下。

——《无题·八岁偷照镜》

李商隐第一个有朦胧好感的女子，严格说来还算不上是初恋。第一次见到她的时候，是一个夏夜。母亲在隔壁屋子里静静地纳鞋底，弟弟妹妹们已经熟睡。李商隐还在昏暗的灯光下誊抄书籍，等待着前来取米的隔壁大娘。自从做了贩舂的活计，那位大娘就常常来买米，算得上他的老主顾了。这一日，大娘跟李商隐约好了取米，却迟迟没有来。

夜深了，屋外虫唱和蛙鸣的声音像潮水一般汹涌，李商隐琢磨着，大娘会不会有事不来了呢。正在此刻，耳畔响起了轻轻的敲门声。李商隐推开门，看见门口站着一个妙龄少女。那少女身形格外娇小，穿着一条轻薄细软的花笼裙，月光照在她身上，仿佛笼罩着一层烟雾。少女盈盈一笑，李商隐的心仿佛被击中了，一时之间不知道该说什么。

那少女对李商隐解释，约定好要来买米的大娘是她家的仆妇，今日身体不舒服休息了，所以她亲自来取米。对于这个说法，李商隐自然将信将疑。通常情况下，即便家中仆妇生了病，也不会让小姑娘独自来取米，何况还是晚上呢。他没有点破，夸赞了少女体恤仆妇，是个有爱心的姑娘。

姑娘夜里取米的行为只能算作小小的意外。大唐的女子行事落落大方，原本就少有矜持。唐代诗人崔颢写的《长干行》，就是著名的女子主动搭讪场景："君家何处住，妾住在横塘。停船暂借问，或恐是同乡。"您家住在哪儿啊，我家在横塘。停船借问一下，听口音好像我们好像是老乡。

李商隐让少女稍等片刻，他马上取大米出来。不曾想，少女跟着他走进了书房。少女环顾四周，房内陈设简陋，却堆放着许多书籍。有的书是儒家典籍，她虽没有怎么读过，但都听父亲提起过。诸如《礼记》《左传》《论语》之类，都是科举的考试用书。还有一些书籍，她既没有读过，也没有听说过。

姑娘被李商隐的藏书震撼了，问道："这么多书，你都读完了么？"

李商隐答道："差不多读完了，姑娘如果想看，尽管借去。"

姑娘随手抽出一本，翻开一看，密密麻麻都是笔记和批注。她感叹道："你不仅读完了，还读了好多遍呢。"

卧榻边堆放着一叠叠抄好的书卷，散落了一些正在誊抄的书页，字迹隽秀雅正。几案上铺着一副大字，墨汁还没有干，书得行云流水、潇洒飘逸，屋里飘散着几缕幽幽墨香。

姑娘仔细端详了一会儿，回头问道："这些字都是你写的？"连声称赞李商隐的书法名不虚传，十分佩服。

她眼中满是钦佩艳羡，并无惊讶之色，因为此前已经听家中仆妇提起过多次，那个卖米的小少年，跟她一般的年纪，却勇于挑起了家中的重担。更难得的是，小少年写得一手好字，甚至胜过教姑娘习字的老先生。

姑娘眨了眨亮晶晶的眼睛，问道："那你可以教我读书写字吗？"李商隐摇了摇头，以没有空闲、不太方便为由婉拒了。

姑娘脸上闪过一丝失望的神色，忽然想起，仆妇曾经请李商隐给她的家人写信。姑娘趁机询问是否可以帮她给远方经商的父亲写信。李商隐愉快地答应了。

从此，姑娘经常找李商隐帮忙给父亲写信。借着写信的契机，姑娘把自己家里的情况，连同她自己的所思所想，全部告诉给了李商隐。李商隐提笔落纸，记录了姑娘细小的喜悦与哀愁。一次次倾诉与记录之间，不知不觉，两人情愫渐生。

然而，不知为何，姑娘许久没有来了。商隐心绪不佳，去郊外散步。阳光明媚，景色宜人。姑娘们沿河而行，打扮得花枝招展。那位裙衩上戴着芙蓉花的姑娘，正是时常来找他写信的邻家少女。商隐追上前去，她却消失在了人群里，仿佛在刻意避开他。

李商隐远远跟着她，走进了她家的院落。姑娘站在秋千下，背对着他轻轻哭泣。原来，姑娘要举家搬迁到父亲经商的地方，他们再也见不到面了。

这段还没有正式开始就戛然而止的初恋，给李商隐留下了美丽而忧伤的回忆。他用细腻灵动的笔触记录了少女给他讲过的成长历程。

八岁偷照镜，长眉已能画。
十岁去踏青，芙蓉作裙衩。
十二学弹筝，银甲不曾卸。
十四藏六亲，悬知犹未嫁。

十五泣春风，背面秋千下。

这是李商隐的第一首无题诗。这首诗跟其他无题诗有明显的区别，是拟古乐府的五言诗。《文心雕龙》说过：“四言正体，则雅润为本；五言流调，则清丽居宗。”本诗内容清新干净、明快晓畅。词句浅白易懂，简单如同口语。全诗只用了一个典故，即屈原的“制芰荷以为衣兮，集芙蓉以为裳”。

相比诗人的代表作《无题·相见时难别亦难》《无题·昨夜星辰昨夜风》，这首无题诗还比较稚嫩。对于一位初入诗坛的少年而言，出手就已经不同凡响了。

“八岁偷照镜，长眉已能画。”才刚刚八岁的年纪，小姑娘就萌发了爱美之心，知道了如何装扮自己。她趁大人不注意，偷偷地照了照镜子，仔细研究自己的样貌。又学着母亲和姐姐的样子，画时下流行的长眉，画得很不错。首句切入非常巧妙，写出了姑娘对美的追求和向往，想必能够引起女孩子们的共鸣。

幼小的年纪，懵懂之中有了一点儿性别意识。现代的女孩子们都曾偷偷穿过母亲的高跟鞋，歪歪扭扭地走路。偷偷喷香水、画眉毛、涂口红、擦胭脂更不在话下。当然这一切都要悄悄地进行，如果被大人发现，是要被笑话的。古代也一样。这些女孩子玩的游戏，李商隐用熟悉的口吻描述出来。可见他有多么善于观察的眼睛，和多么善感的心灵。

“十岁去踏青，芙蓉作裙衩。”十岁的时候，姑娘跟小伙伴们一起去郊外踏青，度过了无拘无束的欢乐时光。她见到芙蓉花在风中摇曳，娇美无比，就随手采摘下来，装点自己的裙衩。此句用了屈原《离骚》的典故：“制芰荷以为衣兮，集芙蓉以为裳。”代表了姑娘对高洁品行的向往。

“十二学弹筝，银甲不曾卸。”姑娘在十二岁的年纪就开始学习弹筝了。她练习得认真入迷，弹了古曲，又弹着时下流行的新曲。悦耳的曲子，在她的指尖如泉水般流淌回旋。她弹得越来越熟练，全然陶醉在音乐里，手指上套着的银甲都不曾摘下来。想必不止是弹筝，她还要学习诗词曲赋、琴棋书画一整套才艺，她要认真做一个小小的才女。

“十四藏六亲，悬知犹未嫁。”十四岁的时候，她长成了一个清秀美丽的大姑娘。她懂得了害羞，开始回避男子，即使是男性亲人。她学会了如何装扮自己，恪守了大家闺秀的端庄品行，学会了做一个才女。但她没有遇到欣赏他的人，尚未嫁出去。

“十五泣春风，背面秋千下。”十五岁那年春天，春光灿烂，旖旎无限。春风吹拂她的秀发，让她格外感伤。她在秋千下低低地哭泣，只留给我们一个忧伤的背影。她哭泣的原因是什么呢？少女思春，大约跟爱情有关吧。也许是父母不允许她嫁人，也许到了嫁人的年龄却没人提亲，也许是感情遇到了坎坷，也许她喜欢上了什么人没有回应。

最后两句的意境优美，写出了少女情思中的忧伤和惆怅。姚培谦大为赞赏："迤丽写来，意注末两句。背面春风，何等情思，即'思公子兮未敢言'之意，而词特妍冶。"

《无题·八岁偷照镜》的艺术风格受到了古乐府的影响。以主角年龄为顺序叙事抒情，这与《陌上桑》《孔雀东南飞》和《长干行》很相似。

《陌上桑》中，罗敷面对调戏自己的使君，这样夸赞自己丈夫的事业："十五府小吏，二十朝大夫，三十侍中郎，四十专城居。"丈夫十五岁在府中做小吏，二十岁在朝中做大夫，三十岁成为侍中郎，四十岁成为城主。罗敷介绍丈夫的成长经历，显然有夸张成分，却能给使君有力的反击，让他相形见绌。

《孔雀东南飞》中，刘兰芝对丈夫陈述："十三能织素，十四学裁衣，十五弹琴，十六诵诗书。十七为君妇，心中常苦悲。"我十三岁能织精美的白绢，十四岁学会了裁剪衣裳，十五岁会弹琴，十六岁能诵读诗书。十七岁嫁给你，心中时常悲伤痛苦。从十三岁到十六岁，通过循序渐进的学习，刘兰芝长成了多才多艺的女子。

《长干行》中，女主角回顾了新婚的羞涩、夫妻恩爱甜蜜和离别的不舍，展示了微妙细腻的情感变化：“十四为君妇，羞颜未尝开。低头向暗壁，千唤不一回。十五始展眉，愿同尘与灰。常存抱柱信，岂上望夫台。十六君远行，瞿塘滟滪堆。五月不可触，猿声天上哀。”

十四岁初嫁你，害羞不已。低头对着昏暗的墙角，任凭呼唤也不回头。十五岁舒展了眉头，愿意与你相伴至死不渝。你像尾生抱柱般遵守信约，我又怎会登上望夫台。十六岁时你离家远行，要经过可怕的瞿塘峡滟滪堆。五月水涨，千万不可触礁，两岸猿猴正哀啼。从十四岁到十六岁，她从不谙世事、活泼明丽的小姑娘变成了缠绵悱恻、痴情坚贞的女主人。

《陌上桑》中的罗敷、《孔雀东南飞》的刘兰芝、《长干行》的女主人，都是美丽善良、拥有强烈独立意识的女子。《无题·八岁偷照镜》中的少女也一样个性鲜明、动人心弦。

李商隐将女子成长过程当中的心理状态和日常行为描写的写得惟妙惟肖、入木三分，可见与她十分相熟。这个美丽有才情的女子，努力学习着梳妆打扮、修身养德、琴棋书画，却没有等到喜欢的人来迎娶她。

诗人笔下，那位着青春虚度的美丽少女，多么像他自己。他刻苦治学，才华出众，急于入仕，却无人赏识。

他的出路，究竟在哪里呢?

第二章 玉阳学仙

李唐王朝尊崇道教，皇帝们奉老子李耳为祖先，公主们在名山建立道观修行。道家典籍被列为入仕的考试内容，道教对读书人产生了很大的吸引力。一时之间，学道求仙蔚然成风。李商隐去玉阳山学道，与女冠经历了一场刻骨铭心的恋情。短短两年光阴，影响了他一生的情感。

爱意萌动·碧城十二曲阑干

碧城十二曲阑干，犀辟尘埃玉辟寒。

阆苑有书多附鹤，女床无树不栖鸾。

星沉海底当窗见，雨过河源隔座看。

若是晓珠明又定，一生长对水晶盘。

——《碧城·其一》

几年时间过去了，李商隐辛勤地佣书贩舂，有了一些积蓄，家中潦倒的环境得到了些许改善。母亲寻了些缝补浆洗的活计来维持生计。弟弟妹妹逐渐长大，家庭负担也减轻了许多。在李处士那里用功学习，为他以后的治学打下了坚实的基础。十六七岁的李商隐意识到，生活可以有所改变了。于是，他作别亲人，收拾行囊，只身前往玉阳山学道。

有唐一代，道教备受尊崇。

宋人所撰《唐会要》专设“尊崇道教”卷，记录了唐代尊崇道教的原因。唐建国之初，王世充还没有完全被平定。有一个樵夫向唐高祖李渊奏报，自己在晋州浮山县的羊角山见到了一个老者。老者相貌堂堂，骑着白马，自称是太上老君。

老者让樵夫给唐天子带话："吾汝祖也。今年平贼后，子孙享国千岁。"不久，李世民灭王世充凯旋了。樵夫转告太上老君的预言成真。唐高祖李渊随即在晋州为老子立庙。自此，李唐皇帝自诩为太上老君李耳的后裔，尊崇道教为国教。武则天称帝之时，将国号改为周，有意识地尊崇佛教、贬抑道教，道教势力一度衰落。

待到唐玄宗李隆基即位，又反过来尊崇道教、贬抑佛教。唐玄宗对道教的信仰比祖辈更加狂热，先后给李耳加了"大圣祖玄元皇帝""大圣祖大道玄元皇帝""大圣高上大道金阙玄元皇帝"种种尊号。在皇帝的影响下，形成了举国崇道的热潮。

据《唐书》记载，唐代共有十几位出家入道的公主。李隆基的妹妹玉真公主，自愿出家成为女冠。此外，还有金仙公主、万安公主、华阳公主、永嘉公主、义昌公主等。她们出家的原因各不相同，有的是真心慕道，有的为家人祈福，有的因为丈夫去世。

玉真公主性情温柔和顺，没有争权夺利之心，向往平淡的生活。她希望远离宫廷纷争，决定终身不涉朝政。这种选择格外受到李隆基推崇。玉真公主将自己的清修之地选在了王屋山的支脉玉阳山。李隆基耗巨资给妹妹修建了一座华丽高贵的道观。这座道观被誉为“小有清虚洞天”，为十大洞天之首。

公主金尊玉贵，修道的生活自然与常人不同。大批侍奉公主的宫女进入道观，跟随主人成为道姑。卢纶曾经路过玉真公主的道观，写下《过玉真公主影殿》：“夕照临窗起暗尘，青松绕殿不知春。君看白发诵经者，半是宫中歌舞人。”

她们容貌美丽，举止优雅。日日诵经炼丹，丰富了学识，渐渐培养出了绝俗的气质。这样的气质，对于年轻的读书人，具有很大的吸引力。

唐代风气开放，对道姑的约束并不多。她们原本身份复杂，私生活自由浪漫。比如鱼玄机，李季兰，薛涛。后人提起唐代的女道士，言词之间往往有暧昧的意味。在那样的大环境下，公主以及出家的宫女也无需恪守清规。她们与修道的士子之间产生恋情，是自然而然的事情。

文人士子上山修道的原因也很复杂。那些年纪轻轻的读书人，也许是为了给仕途谋求捷径，得到被贵人举荐的机会。如同李白信奉道教结识了玉真公主，并经由玉真公主推荐进入了翰林院。也许是想入观学习《道德经》《南华经》等道家经典，考中“道举”进入仕途。也许仅仅是希望一睹道姑们的芳姿，享受一段自由浪漫的生活。

无论何种原因，读书人学道已经成为了一种潮流。玉阳山风光无限，清幽秀美。李商隐曾经写过《李肱所遗画松诗书两纸得四十韵》。此诗很长，后面部分回忆了他在玉阳学仙之事：“忆昔谢四骑，学仙玉阳东。千株尽若此，路入琼瑶宫。口咏玄云歌，手把金芙蓉。浓蔼深霓袖，色映琅玕中。悲哉堕世网，去之若遗弓。形魄天坛上，海日高瞳瞳。终骑紫鸾归，持寄扶桑翁。”

诗人笔下的玉阳山，仿佛神话传说中的仙山福地。仙山之上，生长着千株竦削的劲松。雾霭沉沉，海日瞳瞳。这样的美景，让他终生难忘。

印象最深刻的，是玉阳山下纯净的小溪。小溪名为玉溪，从此他自号玉溪生。当年，他刚刚走到玉阳山下，见到了那条清澈无比的小溪。他虔诚地蹲下来，洗净了双手和脸颊，洗去了属于俗世的烦恼和疲惫。

玉溪好像是仙界与凡间的分界线。在玉阳山生活的两年间，每一次越过玉溪，都好像往返于仙凡之间。最终他并没有真正成为道士，但是他依然保留了玉溪生这个名字，给自己留下了一片心灵的栖息地。

李商隐前往的道观名为清虚观，修仙的道友们大多是正值青春的少年。其中有一位姓刘的道士，跟李商隐甚为投缘，很快成为了好友。刘道士告诉李商隐，道友们号称修仙，却六根未净，常常跑去寻觅女观的道姑，恣意享受着谈情说爱的快活人生。

在刘道士的提示下，李商隐很快发现了这个公开的秘密。年轻的道士与道姑们匆匆相会之时，免不了眉目传情。小路两旁的丛林里，时常可以看见成双成对的背影，听见娇滴滴的调笑之声。平日里看起来严肃冷漠的道姑们，私下里有不少在跟道士们偷偷交往。这样的情景，让青春年少的李商隐心潮涌动。

旁观着夜间悄悄出门的道友们，他夜难入寐，想象着他们约会的场景，提笔写下了《碧城·其一》。

碧城十二曲阑干，犀辟尘埃玉辟寒。
阆苑有书多附鹤，女床无树不栖鸾。
星沉海底当窗见，雨过河源隔座看。
若是晓珠明又定，一生长对水晶盘。

《碧城》和《锦瑟》，是公认的李商隐最难懂的诗篇。此诗跟《锦瑟》一样，是用开头两个字作为题目。先从字面意思来理解。

碧城，即碧霞之城，指天上神仙的住所。阑干即栏杆，十二泛指数量多。首句的意思是，神仙居住的碧霞之城，有许多曲曲折折的栏杆。传说中有一种却尘犀，可用以辟去尘埃。玉是温润的，李商隐就写过“蓝田日暖玉生烟”的名句。仙女们用犀角簪辟尘，用美玉辟寒。第一联写仙境云蒸霞蔚，栏杆曲折繁复。碧城的仙女们服饰高雅华贵，超凡绝俗。

碧城之内，有两处著名的仙山。一为阆苑，二为女床山。有书附鹤，指仙人们用仙鹤传信。女床是山海经提到过的女床山，传说山上有五彩纹的鸾鸟。不同于凡人们飞鸽传书，兰苑仙境的仙人们是用仙鹤传书。神仙们过着优哉游哉的日常生活。阆苑仙境的仙人们用仙鹤来通传书信，女床山的每一棵树上，都栖息着鸾鸟。

从仙女们的视角来看，景象全然不同。仙女们高居于天上的碧城阆苑，悠闲地向下俯瞰。黑夜的颜色淡去，天将破晓。仙女们静坐在窗边，看见星星沉没到海底，隔座可见天河的雨水也渐渐平息了。此句意境阔大壮美，读来静谧安宁。

晓珠，即破晓之珠，是朝露的意思，也指宝珠。水晶盘即月亮。如果朝露像宝珠一样，明亮又固定在那儿，那么我愿意一生长对明月。末联继续以仙女的视角在描写，将视线从遥远的星空、海底、天河收回到宛如水晶盘的月亮之下。

这首写神仙的诗，用典巧妙，想象丰富，充满了迷离幽眇的旨趣和瑰丽奇幻的色彩。如果透过表面的意思，琢磨藏于字句之间的隐喻，又将是另一番感受。

诗人将道观比作天上的碧城，诗中的仙女也就是修行的道姑们。那些女冠们住在富丽堂皇的道观之中，身着华贵的服饰。虽然佩戴着绝尘脱俗的犀角簪和美玉，却没能斩断情欲尘心。

诗中蕴含了多处隐喻。仙鹤传书，其实是女冠们送出的情书。诗人将“女床山”简化为“女床”二字，凸显了《碧城》在神仙诗的表面之下，属于情诗的本质。鸾鸟在诗中多与情有关，将女冠比作栖息在女床山的鸾鸟，说明她们是正在恋爱的女子。

女冠们与情人幽会整夜，直到星沉海底，天将破晓。雨过河源，用了两个典故。一是巫山神女与楚王梦中相会的典故，即形容男女欢合情事的“巫山云雨”。二是张骞寻河源，乘坐木筏到达了天河，遇到了牵牛和织女。对于夜间幽会这样的事情，女冠们视为寻常，因而很平静。

情人离去之后，女冠们意犹未尽。她们遗憾，夜里的欢愉时光像朝露一样，虽然美妙却容易消散。如果这种欢愉可以像宝珠一样明亮又稳定，那么她们愿意一生都生活在夜晚的月色之中。

此诗写女冠之情，时时暗示，处处用典，情感炽烈又极尽婉约。表面上写住在仙境之中的绝俗仙女，她们冰清玉洁，过着幽静冷清的生活。实际上，却写修行的道姑与恋人暗通款曲，享受男欢女爱的乐趣。

这种强烈的对比，给人带来奇异的审美效果。

李商隐想着，什么时候，他也能成为恋人中的一员呢。如果可以成为其中一员，他的恋人该是一位怎样的姑娘呢？

浓情蜜意·赤鳞狂舞拨湘弦

对影闻声已可怜，玉池荷叶正田田。

不逢萧史休回首，莫见洪崖又拍肩。

紫凤放娇衔楚佩，赤鳞狂舞拨湘弦。

鄂君怅望舟中夜，绣被焚香独自眠。

——《碧城·其二》

玉阳山的女观名为灵都观，比男观的规模大许多，处在靠近山顶的位置。这一日，灵都观要举行祈福法会，刘道士约李商隐一同观看。观内仙雾缭绕，仙乐飘飘，恍若天界。伴随着悠扬清远的音乐，年轻的道姑们不断祝颂叩拜。法会仪式繁多，耗时很长，她们的仪态逐渐松散下来。只有最前面的一位女子，坚持认真地完成每一个动作，毫不松懈。

李商隐的目光被那个瘦削坚定的背影吸引，凝视良久。刘道士戏问李商隐："看得如此入迷，是否想与哪位仙子交个朋友？”刘道士孑然一身，以道观为家，在玉阳山住了多年，这里大部分的道姑都与他相熟。李商隐尚未回答。刘道士又补充道：“不过要除去最前面的那位女子，那是个不通世情的冰山美人。”

李商隐笑问：“何谓冰山美人？”

刘道士介绍，那位冰山美人名叫宋华阳，原本是公主的贴身侍女，随公主入道后，继续做公主的贴身道姑。公主对她信任宠爱，她也帮助公主把道观打理得井井有条。

同在玉阳山修行，灵都观的道姑们跟清虚观的道士们关系不错，有的私底下还是恋人。但宋华阳不苟言笑，有意跟大家保持距离。若说灵都观住的是思凡的仙女，宋华阳就是不食人间烟火的纯粹的仙女。

刘道士正念叨着，音乐停歇，法事结束了。道姑们站起来，陆陆续续离开。宋华阳也缓缓起身出门了。

李商隐很是遗憾，今天只见到仙女的背影，没能见到真容。他问刘道士：“能否设法介绍这位冰山美人与自己相识？”

刘道士思索再三，终于想出了个法子。他告诉李商隐，自己与宋华阳的妹妹宋华玉相熟。华玉曾经透露，姐姐有早起的习惯，每日清晨会独自前来抄写经文。接下来的发展，就看李商隐自己的造化了。

李商隐暗下决心，第二日要起个大早，找机会偷偷见上宋华阳一面。

天未破晓，他就向山顶出发了。到达灵都观的时候，天刚蒙蒙亮。万籁俱寂，李商隐轻轻走过去。这一次，他终于见到了宋华阳的面容。

那是一张清丽绝俗的脸，仿佛由冰雪精心雕刻而成。平静恬淡的面容上，杜绝了所有的喜怒哀乐，全然不似凡夫俗子。难怪刘道士说，宋华阳是冰山美人。李商隐想起《庄子·逍遥游》中的姑射仙子，忍不住喃喃念道："藐姑射之山，有神人居焉，肌肤若冰雪，淖约若处子。"

宋华阳安静地坐在靠窗的位置，一笔一画抄写经卷。

李商隐在窗外站了许久，朝阳升起来了。阳光斜斜地从窗户里面照过去，照在宋华阳扑闪扑闪的睫毛上，照在她小巧挺秀的鼻梁上，照在她执笔的纤纤玉指上。阳光透过她垂在额前的几缕秀发，在宣纸上投下薄薄的阴影，覆盖在娟秀的小楷上。

他想不到，这位宋仙姑不仅容貌端丽、气质卓绝，还写得一手好字，跟自己有共同爱好。李商隐醉心地欣赏着。一阵风起，掀开了桌上的纸页。宋华阳起身关窗，瞧见了窗外凝望的李商隐。

宋华阳疑惑地皱了皱眉。李商隐忙介绍自己，是清虚观新来的李商隐。

“李商隐？就是写出《才论》《圣论》的那个李商隐？”宋华阳跟着公主参加过一些文人的集会，听人提起过才子李商隐。

“正是在下。仙姑读过《才论》《圣论》？”李商隐有些惊讶。宋华阳是公主的贴身侍女，不知道见过多少有名的大人物，怎会知道自己的作品？他在老家荥阳算得上是才子，却没有想到名气传到了距离京城不远的玉阳山。

宋华阳冰冷的面容上浮起淡淡的微笑：“公子风度翩翩，不同凡响，一看就是饱学之士。”

这句泛泛的恭维话，又让李商隐高兴了一番。

没想到，宋华阳话锋一转：“不过，那两篇文章，我没有读过。只听人说起过，你年纪轻轻的不会写骈文，专写古人，是个怪人。”

李商隐笑道：“在下不但写古文，还会写诗。”他把事先写好的《碧城·其一》递给宋华阳。

宋华阳轻启朱唇，念道：“碧城十二曲阑干，犀辟尘埃玉辟寒。阆苑有书多附鹤，女床无树不栖鸾。星沉海底当窗见，雨过河源隔座看。若是晓珠明又定，一生长对水晶盘。”

“人嘛，看起来像个正经人的样子。字是真不错，非常好看。”宋华阳语速不紧不慢，却吊足了李商隐的胃口。

“诗是好诗吗？”

“不是。”她雪白的脸颊飘起红晕，嗔道：“写的什么乱七八糟的诗。我就说，就不该让你们清虚观的道士们来来往往，坏了潜心修道的风气。”话虽如此，宋华阳却将诗笺小心妥帖地收藏好。

“仙姑此言差矣。这事儿不能怪清虚观的道士，只怪灵都观的仙姑们太美了，让血气方刚的道士们害了相思病。”李商隐自小性子沉稳，不是个嬉皮笑脸的角色。不知怎么的，见到貌美而孤清的宋华阳，就想逗一逗她，以便亲近她。

“刚才那首诗，是写的灵都观的众仙女。我专为姑娘写了一首。”李商隐又拿出一张诗笺。

紫府仙人号宝灯，云浆未饮结成冰。

如何雪月交光夜，更在瑶台十二层。

诗中的仙人纯洁无瑕，远居瑶台之上，有白云相托，与雪月相伴。意境空灵迷离，高洁邈远，遥不可及，却又令人向往。

宋华阳读完诗，冰冷的脸颊浮现了一丝微笑：“公子在想什么？”

李商隐自嘲：“莫非，我也害相思病了。”

“相思病没发现，水土不服的毛病倒是有。”宋华阳端详了李商隐一会儿，悠悠说道。

“仙姑还懂岐黄之道啊。”这下轮到宋华阳调侃，李商隐脸红了。他到玉阳山已经月余，因水土不服，肠胃不适的毛病一直没有痊愈。

“略懂一二。公子不必紧张，水土不服是小毛病。不过，拖久了对身体损耗就大了。我带你去取点药吧。”宋华阳敛了调笑的神情，带着李商隐向山后走去。

李商隐随着宋华阳走上一条从未涉足的小路。一路上话不多，心情却十分畅快。

轻云蔽日，太阳的光线明亮而不至耀眼。小径交错，竹林深邃苍翠。极目远眺，山前空旷，溪流如飘带蜿蜒于山脚。

这里是玉溪的上游，风景清幽，人迹罕至。溪边只有一座小木屋。屋内陈设朴雅，散发着药材的香味。原来，宋华阳不仅是公主的贴身侍女，还是为公主调理身体的私人医生。她熟稔地取了几枚药丸，拿给李商隐。

李商隐有些拘谨。道谢告辞之后，回到清虚观。

与宋华阳初次相逢，她的身影便萦绕心头。李商隐彻夜难眠，索性起身作了一首诗，即《无题·重帏深下莫愁堂》。

> 重帷深下莫愁堂，卧后清宵细细长。
> 神女生涯原是梦，小姑居处本无郎。
> 风波不信菱枝弱，月露谁教桂叶香？
> 直道相思了无益，未妨惆怅是清狂。

留在小木屋里的宋华阳，不知道是否同样孤枕难眠。独自在玉阳山上生活多年，她如何打发这漫长的光阴呢？

有恋人的道姑们有人陪伴，宋华阳像神仙一样貌美，却冷清地幽居独处。

无人关怀照料的女子，如同柔弱的菱枝，被风波摧残。月光下的露水不曾滋润桂叶，如何能散发出芬芳呢？

虽然相思没有丝毫益处，也不妨一往情深，甚至终生惆怅。

不多时，李商隐借了取药的名义，再次去小木屋找宋华阳。这一次，取药之时，两人指尖相触，仿佛有电流经过。宋华阳饱含情意的一瞥，对李商隐袒露了她的心意。

宋华阳轻轻倚靠在李商隐怀中，被他紧紧抱住。

“我又想了一首诗，《碧城·其二》。”短暂的沉默之后，李商隐凝望着宋华阳的眼睛，轻声念道。

对影闻声已可怜，玉池荷叶正田田。
不逢萧史休回首，莫见洪崖又拍肩。
紫凤放娇衔楚佩，赤鳞狂舞拨湘弦。
鄂君怅望舟中夜，绣被焚香独自眠。

《碧城·其二》用典极为丰富，缠绵悱恻，哀婉顽艳。

“荷叶正田田”出自汉乐府《江南》：“江南可采莲，莲叶何田田。鱼戏莲叶间。鱼戏莲叶东，鱼戏莲叶西，鱼戏莲叶南，鱼戏莲叶北。”“鱼戏莲”屡见于古绘画，用鱼喻男，莲喻女。鱼与莲戏，实质是男与女戏。

男子与情人相见，瞧着娉婷的身影，听着喃喃细语，觉得姑娘非常可爱，有出水芙蓉之态。

萧史出自刘向《列仙传》：“萧史者，秦穆公时人也，善吹箫，能致孔雀、白鹤于庭。秦穆公有女字弄玉，好之，公遂以女妻焉。日教弄玉吹箫作凤鸣。居数年，吹似凤声，凤凰来止其屋。公为作凤台，夫妇止其上，不下数年。一旦，皆乘凤凰飞去。”

秦穆公时期，有个擅长吹箫的美少年，名叫萧史。他的箫声可以引来孔雀与白鹤盘旋于庭院。秦穆公有个名叫弄玉的女儿，很喜欢萧史，秦穆公就让他们成了婚。萧史教弄玉吹箫，模仿凤凰鸣叫之音。过了几年，凤凰被吸引来到了他们的住所。秦穆公为萧史和弄玉修建了凤凰台。夫妇俩住在台上，多年没有下来。忽然有一天，双双乘凤凰白日飞升了。

《东周列国志》中，这个传说被详细演绎了一番。秦穆公有个小女儿，抓周的时候挑了一块美玉。于是，秦穆公为女儿取名弄玉。弄玉能歌善舞，尤其喜欢音乐。她月光下吹笙，却于隐约听到仙乐与自己相和。秦穆公派人去华山找到了隐士萧史，将女儿嫁给他。二人笙箫相和，引来金龙紫凤。秦穆公为他们修建了凤凰台。夫妇俩乘金龙紫凤飞升了。

洪崖拍肩的典故出自晋人郭璞的《游仙诗》："翡翠戏兰苕，容色更相鲜。绿萝结高林，蒙笼盖一山。中有冥寂士，静啸抚清弦。放情凌霄外，嚼蘂挹飞泉。赤松临上游，驾鸿乘紫烟。左挹浮丘袖，右拍洪崖肩。借问蜉蝣辈，宁知龟鹤年。"传说洪崖是黄帝的臣子，后来得道成仙。他曾远赴昆仑山，根据凤凰的叫声区别了十二律，铸十二钟。

男子对情人爱得深切，希望她对感情专一。他以萧史自况，以洪崖喻广受女子青睐的风流男子。男子叮嘱情人："你要像弄玉一样钟情坚贞，不遇萧史绝不回头。不要做随意放荡的女子，见了其他的风流男子又与之相好。”身陷爱情的人，总会缺少安全感。诗人将这种紧张表现得淋漓尽致。

楚佩典出《列仙传》。有个名叫郑交甫的人，在汉水之畔偶遇两名貌美女子，心生倾慕之意，请求女子解佩相赠。女子欣然解佩。郑交甫离开十步，却见怀中无佩，女子也转瞬无影无踪，才知她们是仙女。

湘弦即湘瑟之弦，源于湘灵鼓瑟的传说。舜帝死于南巡，妃子娥皇、女英寻至湘江，投江自尽，魂灵化为湘水之神，即湘灵。湘灵整日鼓瑟于江中，曲调哀婉凄凉。

诗人以赤鳞与紫凤指代诗中的男女主角，“紫凤放娇”“赤鳞狂舞”足见爱情浓烈狂热，但“楚佩”与“湘弦”又极尽忧伤，预示着热恋之后的怅然。

鄂君源自越人歌的传说。子皙是楚国令尹，姿仪英秀。划船的越人倾慕子皙，便用越语唱歌表白。鄂君听不懂越语，便找人将唱词翻译成楚语：“今夕何夕兮，搴舟中流。今日何日兮，得与王子同舟。蒙羞被好兮，不訾诟耻。心几烦而不绝兮，得知王子。山有木兮木有枝，心悦君兮君不知。”鄂君听完楚译，接受了爱意，举起绣花的锦被覆盖在越人身上。

此处反用其典，以鄂君喻男主角。他等不到思念的越人，深夜惆怅，远望小船。只好独自焚香，拥抱着绣被睡眠。

“弄玉的心只许给一个人。有了萧史，便不会理睬洪崖了。”宋华阳软语相慰，化解李商隐的忧虑。

“那，华阳呢？”李商隐在她耳畔低语。

宋华阳娇怯一笑，轻声耳语：“华阳也一样。”

李商隐紧紧拥着怀中的姑娘。

玉溪旁边的小屋里，药香盈室，浓情蜜意流溢。

东窗事发·莫道人间总不知

七夕来时先有期，洞房帘箔至今垂。
玉轮顾兔初生魄，铁网珊瑚未有枝。
检与神方教驻景，收将凤纸写相思。
武皇内传分明在，莫道人间总不知。

——《碧城·其三》

热恋中的男女最怕分别。一旦不能见面，便会日日熬煎、度日如年。感情的阀门打开，如同洪水决堤，不可遏制。

对于玉阳山的道观里面修行的少年男女，谈情说爱不算新鲜事。人们虽然见惯不怪，但是都清楚，这种爱情是逾越了礼法规矩的，也是没有结果的。

也许是因为年轻人的逆反心理，外界的障碍无法阻止爱情生根发芽，反而会让恋爱中的人投入更深，赋予爱情别样的吸引力。中国四大民间传说故事中，牛郎织女是仙凡之恋，白蛇传是人妖之恋，都是著名的禁忌之恋。孟姜女与范喜良的阻碍来自秦朝的暴政，梁山伯与祝英台的阻碍来自家境的巨大差距。

那些正值青春年华的修行者，如同现在青春懵懂的学生。学校禁止早恋的规定，制止不了他们对美好感情的憧憬和向往。

宋华阳的性子素来冰冷疏离，极少跟清虚观的道士们打交道，更没有跟人发生过恋情。李商隐知道华阳很在意自己的形象，与她交往的过程中，一举一动都小心翼翼。

李商隐避开人群，数着约定的日子与宋华阳相见。每一次相见都来之不易，让他们倍加珍惜。

白天人来人往，约会的风险太大。他们相见的时间，多数选在黄昏。许多次，夜幕即将降临，李商隐如约来到玉溪旁边的小木屋前，与佳人相会。

这日傍晚，李商隐走到小木屋旁边，远远看见宋华阳在侍弄花草。门前的一丛木槿花开得正盛。她握住花锄，灵巧地松土，把药渣当做肥料埋进泥土里。

李商隐不忍打扰她，静静地看她在木槿花丛中忙碌着。木槿娇媚红艳，佳人白衣蹁跹。李商隐在心中默念诗经的句子："有女同车，颜如舜华。将翱将翔，佩玉琼琚。彼美孟姜，洵美且都。有女同行，颜如舜英。将翱将翔，佩玉将将。彼美孟姜，德音不忘。”

宋华阳尚在莳花弄草，她的妹妹走过来了。

妹妹神色严峻，诘问宋华阳为何看中李商隐。宋华阳陪伴公主多年，拒绝过许多高官巨贾、文人雅士的求爱，众人都知她性情冷清。李商隐与那些名士比较，身份地位都不值一提。

宋华阳只回答了四个字：“他不一样。”

妹妹面露恼怒之色，拂袖而去：“你认为公主会同意吗？你们不会有结果的。”

良久，李商隐才迈进小木屋。

小屋帘箔高卷，宋华阳坐在炉边安静地看书。炉子上熬着野菜清粥，飘散出清新的香气。

宋华阳浅浅一笑，让李商隐走进来，垂下帘箔，熟稔地为他盛一碗粥。李商隐喝着粥，跟她无边无际地随意聊着。这个世外桃源的小木屋里，充盈了温柔缱绻的气息。

李商隐看出来，宋华阳的微笑下隐藏着不安。这份不安，从一开始就注定了。只不过今日，被妹妹挑明了。

李商隐颤抖着摩挲着宋华阳瘦削的肩膀，将她揽入怀中。

“我想问你一件事。”宋华阳被李商隐紧紧地箍在怀里，有点喘不过气来。

“什么事儿？尽管问吧。”李商隐爱怜地抚慰着怀中的姑娘。

“你喜欢我什么？”宋华阳问道，语气里有几分犹疑。

“你美得像仙女。喜欢你，是最自然不过的事情。”李商隐回答得很实诚。爱美之心人皆有之。爱美的风气，从古延续到今。美人受人喜爱，是天经地义的事情。

千百年来，留下了许多关于美人的典故和传说，比如西施捧心、貂蝉拜月、昭君出塞、贵妃醉酒、弄玉吹箫。仅仅看着文字，就能感受到她们惊世骇俗的美。而不那么美的姑娘，就没有那么幸运了。即使做出跟美人一样的姿态，也会被嘲讽东施效颦。

宋华阳正值青春年华，又生得花容月貌。按理说，听人褒奖自己的容貌，应该高兴。没想到，宋华阳并没有欢喜，反而蹙眉：“如此说来，你跟他们一样，只是看上了我的容貌？”

她的这一反应，在李商隐预料之外，却又在情理之中。宋华阳在公主身边陪伴多年，见惯了各种大小场面，又听说过许多闻所未闻的故事。

她知道，男人们接近自己，大多带有目的。有的人看中了她侍奉公主的身份，想凭借这层关系接近公主，谋求前程。更多的男人，是看中了她姣好的容貌。

天下的男人没有不爱美人的。但是，那些沉湎于温柔乡的男人眼中，美人大多算不上人，只是让他们纵情声色的工具。

“以色事人者，色衰而爱弛。”仅靠美貌得来的宠爱往往不能持久。年老色衰之后，宠爱也淡漠了。因为这份清醒，宋华阳无视了众多高官大贾、文人雅士的青睐，宁愿静静地陪伴在公主身边修行。

“不是。”李商隐明白了她的隐忧，决定推心置腹与她谈谈：“你的优点太多，美好的容貌，只是其中一个方面。”

他舒缓了语气，从第一次见到宋华阳，那个法会上认真叩拜的背影讲起，向她坦陈心迹。他不只喜欢宋华阳的美丽，更欣赏她品性高洁、才情卓绝。

听着心上人的表白，宋华阳白净的脸颊浮出红晕，面含微笑，靠着他的肩头睡着了。

玉溪旁景色明净，月色也极为明亮。夜里，他偶尔醒来。月光如练，铺陈在枕边。枕上美人酣睡着，嘴角还带着一丝笑意。李商隐轻抚着她的脸颊，希望这一刻成为永恒。

小木屋关不住月光，关不住清风白云、清泉松涛，也关不住光阴的流逝。天还未明，李商隐就要离开了。他蹑手蹑脚走出门，却依然惊醒了宋华阳。

野花野草沾满了露珠，打湿了他们的衣襟。玉溪的水清澈宁静，隐约照出一对璧人的身影。

李商隐遥望漫天星辰，无奈地问道："天上有银河隔开牛郎织女，地上有玉溪隔开了你我二人。不知何时能再见？"

宋华阳温柔地回答，她接下来要忙着筹备七夕祈福法会，七夕之夜即可再见。

七夕当日，宋华阳没有出现在灵都观祈福法会上。这个意外的情况，让李商隐有些着急。他赶往小木屋，却见帘箔低垂。等待了许久，宋华阳的妹妹走过来，冷冰冰地告诉他，姐姐意外有了身孕，已经秘密堕了胎。从今往后，再也不能与他相见。

李商隐一阵恍惚，似有千言万语涌上心头。他诚恳地表示，想求见公主，让宋华阳与自己成婚。

妹妹冷笑一声："公子乃一介布衣，公主断然不会答应将姐姐许给你。此事若宣扬出去，恐怕只能双双落得身败名裂的下场。"

李商隐黯然神伤，星夜兼程，下山寻求保养身体的药方，连同新写的诗句一起交给宋华阳的妹妹。

七夕来时先有期，洞房帘箔至今垂。

玉轮顾兔初生魄，铁网珊瑚未有枝。

检与神方教驻景，收将凤纸写相思。

武皇内传分明在，莫道人间总不知。

《碧城·其三》与前面二首不同，典故用得少了一些。诗人将目光从虚无缥缈的仙界转向现实的人间。少了许多梦幻的喜悦，多了许多现实的无奈。

七夕及洞房，明确点出了时间地点。七夕即传统节日七月初七，牛郎织女在这一天鹊桥相会，代指男主角与情人约会的日期。香火旺盛的道观，往往会在七夕举行大型的祈福法会。

除了牛郎织女相会，这里另有一则隐晦的典故。典出神仙志怪书《汉武帝内传》。据记载，元封元年四月，汉武帝在承华殿休息，东方朔和董仲舒在旁陪伴。忽然来了一名青衣女子。女子自称是侍奉西王母的仙女王子登，前来告知汉武帝，七月七日西王母会降临此处。到了七月七日，西王母率领千位神仙乘龙驾鹤而来，如约与汉武帝相会，还带来了仙桃。

洞房是女主角居住的房间。帘箔是精致的门帘。帘箔低垂，说明女主角的房间一直没有对男主角开启。

此处反用其典。七夕那日，牛郎如愿与织女相会，西王母也与汉武帝相会。但诗中的男主角却没有等来女主角。男主角与情人定下了约会的日期，如同七夕相会的牛郎织女。他数次经过女子的房间，却总是门帘低垂，无人回应。他的心中，应当是失望又无奈。

玉轮指皎洁的月亮。“顾兔初生魄”出自《楚辞·天问》：“夜光何德，死则又育？厥利维何，而顾兔在腹？”“铁网珊瑚”出自《本草》：“珊瑚似玉，红润，生海底盘石上。一岁黄，三岁赤，海人先作铁网沉水底，贯中而生，绞网出之，失时不取则腐。”

以顾兔初生魄隐喻女子有孕，以珊瑚未有枝隐喻孩子尚未出生长大。未婚怀孕这个意外情况，让陷入热恋之中的男女感到了惊慌。

检有封缄之意。神方即神奇的药方。驻景，即留住年轻容颜的驻颜之术。“检与神方教驻景”依然出自《汉武帝内传》。西王母和上元夫人细心包裹着长生不老的修仙秘籍，赐给汉武帝。凤纸一般指帝王所用的绘有金凤的纸，此处指道家写青词用的纸张。

得知女主角怀孕，男主角寻找药方让她保重身体。为了避免地下恋情败露，情人暂时不能约会，也不能再写信诉说相思之情。

最后，诗人直接点明了武皇内传，即《汉武帝内传》，书中描写了汉武帝与西王母相恋的故事。那些隐秘之事，虽然没有被史官记载在正史里面，却被记在了野史秘传中，广为流传。男子由此联想到与情人的地下恋情。莫要人不知，除非己不为。这段禁忌之恋，注定也会被外人知道啊。

事已至此，李商隐的心中充满了矛盾的情绪。他不忍舍弃与宋华阳的感情，又担忧地下恋情败露。但是，他最挂怀的，还是心上人的身体健康。佳偶难成，终归陌路。只求她仙颜永驻，一世安好。

仙凡两隔·怅望银河吹玉笙

怅望银河吹玉笙，楼寒院冷接平明。

重衾幽梦他年断，别树羁雌昨夜惊。

月榭故香因雨发，风帘残烛隔霜清。

不须浪作缑山意，湘瑟秦箫自有情。

——《银河吹笙》

见不到宋华阳的日子，李商隐失魂落魄。他按部就班诵经斋戒、洒扫庭院。道观里的老师父对他不动声色、静心修炼的表现多有赞扬。好友刘道士看出了他异常的心境。他波澜不惊的举止之下，暗藏着波涛汹涌的内心。

刘道士尝试着联系宋华阳和她妹妹，转达李商隐的忧心，都没有收到回应。

眼见着好友形容枯槁、日渐憔悴，刘道士也只能暗自着急、别无他法。

不眠之夜，李商隐披衣起床，独自在楼院徘徊。秋天的夜晚，玉阳山降了一层薄薄的霜。天上的银河也格外凛冽。眼前的孤寒之物，让他惆怅寂寞，倍加思念宋华阳。不能跟心上人在一起，修仙也失去了意义。耳边隐约传来笙音，不知是哪位怀有心事，难以安眠之人呢？李商隐吟出了《银河吹笙》。

怅望银河吹玉笙，楼寒院冷接平明。
重衾幽梦他年断，别树羁雌昨夜惊。
月榭故香因雨发，风帘残烛隔霜清。
不须浪作缑山意，湘瑟秦箫自有情。

细看《碧城》与《银河吹笙》，很容易发现其中的关联。

《碧城·其一》中，有“星沉海底当窗见，雨过河源隔座看。若是晓珠明又定，一生长对水晶盘”的句子。诗人笔下的恋人们，被银河阻隔，只能趁着夜晚偷偷约会，对月祈祷这份情谊长久。

在《银河吹笙》中，男女主角已经明确被分开。男主角遥望天上的银河，独自吹着玉笙，无奈地思念着心上人。身处寒冷的楼院，惆怅着直到天明。

其中“吹玉笙”的典故，曾经出现在《碧城·其二》中。“不逢萧史休回首，莫见洪崖又拍肩。”秦穆公女儿弄玉喜欢吹笙，萧史擅长吹箫。秦穆公让二人成婚，二人笙箫之音引来了凤凰，白日飞升。弄玉对萧史钟情，不会移情他人。

“重衾幽梦”指恋人之间亲密和谐的生活。“别树羁雌”与之对应，形容分手之后的形单影只。这两句，可以引起失恋者的强烈共鸣。相伴之人已不在身旁，只能沉溺于往事。梦里出现过往的美好，半夜惊醒，尤显凄清。

月光流泻在台榭上，雨水滋润着旁边的繁花。这是属于春天的夜晚吧。然而，这美妙的场景又只是梦一场。梦醒之后，寒风卷过门帘，残烛忽明忽暗。门外没有繁花，只有冷冷的清霜一片。

“缑山”典故，出自刘向《列仙传》。相传，周灵王太子王子乔自幼喜欢音律，擅吹玉笙，能作凤凰鸣，最终在缑山乘白鹤升仙。升仙之时，王子乔还挥手与众人告别。

王子乔是凡人修仙的代表，诗人多有吟咏。宋之问有诗直名为《王子乔》：“王子乔，爱神仙，七月七日上宾天。白虎摇瑟凤吹笙，乘骑云气吸日精。吸日精，长不归，遗庙今在而人非。空望山头草，草露湿人衣。”

“湘瑟”即湘灵鼓瑟。《碧城·其一》中，有“赤鳞狂舞拨湘弦”之句。舜帝之妃娥皇、女英随夫自尽，化为湘灵。湘灵鼓瑟于江中，是为追思亡夫。

李商隐不是王子乔。遇见宋华阳之后，他没有了修道成仙的愿望。他所向往的，是类似于湘灵鼓瑟、秦台吹箫的人间真情。

从古至今，失恋与失眠总是相依相伴。李商隐与宋华阳相恋之时，约会总在夜间。每到夜晚，他都会想起从前的甜蜜时光。这种思念并没有因为长久不见面而淡化，反而越来越深刻。由此，李商隐失眠成了习惯。

秋已深，天气越来越寒冷。夜里，他不再走出楼院，而是站在窗边仰望天空。有时候，一站就是整夜。

这一次，天上没有银河，高悬着一轮明月。皓月当空，清冷如霜雪。李商隐看着天上的明月，仿佛看见了独自住在广寒宫的嫦娥。嫦娥仙子容颜至美，青春永驻。伴随她的，只有无穷无尽的孤寂。她想起在人间与丈夫相伴的温馨时光，大约会后悔吧。

古今咏嫦娥的诗词众多。李商隐挥笔写下的《嫦娥》，是当之无愧的上佳之作。

云母屏风烛影深，长河渐落晓星沉。

嫦娥应悔偷灵药，碧海青天夜夜心。

云母制成的屏风状如薄纱，闪烁着珍珠的微光。精美的装饰物显示出住所的考究。嫦娥一个人住在广寒宫，那里华贵而冷清。苏轼也在《水调歌头》写过：“我欲乘风归去，又恐琼楼玉宇，高处不胜寒。”

烛光下阴影，深深地投在屏风之上。这个“深”字，用得很巧妙。蜡烛越烧越短，光线越来越暗淡，影子就会变得越来越大。烛影已深，说明点蜡烛的时间已经很长了。

孤独的人无人作伴，才会留意自己的影子，因而有孤身只影、形单影只的说法。再多的影子，也不是真正的人。所以，李白在月下独酌之时，写道：“花间一壶酒，独酌无相亲。举杯邀明月，对影成三人。”看似欢快洒脱、自得其乐，依然流露出难解的孤独。

烛影的深，也代表了孤独之深。凡人只能活几十岁，都时常感觉到孤独。嫦娥在月亮上独居了千万年，难以想象，孤独的程度有多深呢。

长河即银河，晓星为启明星。漫漫长夜里，嫦娥瞧着银河渐渐下落，启明星也逐渐低沉，天色大亮了。“渐”字表明了长河晓星变化之缓慢。嫦娥的视线没离开夜空，足见整夜未寐。

嫦娥未眠，她在想什么呢？诗人不是嫦娥，只能猜测。

他一向含蓄，此次却猜测得特别直白。“应”字用得理直气壮。

李商隐想，嫦娥一定是在后悔盗取灵药，成为神仙。

嫦娥盗的灵药，是长生不老之药。此典故出自《淮南子》。传说嫦娥是大羿的妻子，大羿后来被讹传为后羿。

大羿自幼在深山中长大，箭术了得，成为了帝尧的射师，帮助帝尧射下九日，立下大功。大羿在西王母那里求得长生不老之药，还没来得及服下。嫦娥偷偷服了药，成仙飞向了月宫。

夜里，她开始怀念被留在凡间的丈夫，怀念与他相守的平凡时光。那时候，他们只是人间的普通夫妇。他不是射日的大英雄，她也不是月宫的女神仙。他外出狩猎，她料理家事。偶尔说笑，偶尔斗嘴。这些琐碎庸常的小事，回忆起来竟然弥足珍贵。

她用永恒的青春换来了永恒的孤独。

世人都知晓嫦娥的孤独。李白曾经感叹过：“白兔捣药秋复春，嫦娥孤栖与谁邻？”

嫦娥没有邻居，只有捣药的白兔与她做伴。

嫦娥的生命没有尽头，她的孤独也没有尽头。她独自面对着碧海青天，度过每个不眠的夜晚，度过年年岁岁、朝朝暮暮。

空对着碧海青天思念的，岂止嫦娥。诗人沐浴着月光，回忆与宋华阳相处的欢愉时光。他们厮守的时光太过短暂，即便以天计算，都少得可怜。李商隐索性以时辰来计算，让一幕幕鲜活的画面反复回旋在脑海，铭刻成永恒。

深陷于感情的泥沼，反复回味而无法自拔的，还有宋华阳吧。那个看似冷漠的女子，唯独对李商隐青睐有加、情真意切。每次见到他，都会显露出小女孩般娇怯的模样，那才是她最真实的样子。

离别之后，度日如年。李商隐挣扎在回忆里，数着日子慢慢过。

玉阳山风光奇佳，夜空澄净幽美。李商隐习惯了失眠，独自欣赏漫天的星光，欣赏皎白的月光。夜深人静，思念难忍，他悄然前往玉溪畔的小木屋，却没有寻觅到宋华阳的踪影。强烈的失望感，让他陷入无边的空虚寂寞之中。《代应二首》就在此时酝酿而成。

沟水分流西复东，九秋霜月五更风。
离鸾别凤今何在，十二玉楼空更空。

无法见到心上人，风光秀美的玉溪也不过是普通的水沟。秋天的月亮好像结了霜，凌晨的风愈发凛冽，吹得人心寒。不知道宋华阳此刻在哪里呢。佳人不在，昔日的住所已经人去楼空。

又一夜，窗外风疾，如海浪呼啸，山中不觉又冷了几分。李商隐关了窗户，早早躺在床榻上。然而，回忆照样奔涌而至，令他无法入睡。他推开窗户，以为庭院里落满了雪。心中感叹，今年下雪真早啊。仔细瞧着，才发现是月光。

他添了衣裳，走出楼院，随意行走在山间小路上。月色异常明亮，虽然山间空无一人，也不觉得害怕。无需思考，任由双脚前行，他来到了玉溪旁边的小木屋。

小木屋的灯还亮着，光线微弱昏黄。华阳还在，华阳未眠。不知道她冷不冷，身体好不好呢？他心中既喜悦，又酸楚。在冷风中瞧着孤零零的小木屋，写下了《月夕》。

草下阴虫叶上霜，朱栏迢递压湖光。
兔寒蟾冷桂花白，此夜姮娥应断肠。

玉溪之畔，草木丰茂。在草地里站久了，霜露湿了鞋袜。李商隐低头细看，青草已半数枯败。草根潮湿处，趴着几只怯生生的小虫子。草叶上覆盖着一层白霜，映着明月的辉光。

不远处，玉溪如飘带一般静静流淌。雾气弥漫，溪水变得迷离而辽阔，仿佛广博而静默的湖泊。

李商隐的思绪朝着月亮飞去。他仿佛置身于广寒宫外，看着广阔的湖水、朱红的栏杆。湖水寒冷，风也寒冷。连常住在月宫的玉兔与蟾蜍都觉得太冷了。桂花白如霜雪，飘散出寒冷的幽香。

寒冷凄清至此，嫦娥该多么伤心呢？诗人直白地回答：“此夜姮娥应断肠。”

因为独自在月光下、草地中的诗人，已然伤心断肠。

重回人间·偷桃窃药事难兼

偷桃窃药事难兼，十二城中锁彩蟾。
应共三英同夜赏，玉楼仍是水精帘。
——《月夜重寄宋华阳姊妹》

这首诗标题有“重寄”二字，说明诗人并非第一次给宋华阳姊妹寄诗。

此诗虽然短小，也跟李商隐其他诗作一样，充满了典故。

“偷桃”与《碧城·其三》出自同一传说，指神仙下凡。西王母下凡与汉武帝相会，给他传授了修仙之术，还送给他几个仙桃。汉武帝吃了仙桃，齿根生香、甘美异常，想用桃核栽培。西王母打消了汉武帝的念头，告诉他中原的土质不行，种不活仙桃。她见到门外窥视的东方朔，认出他是曾经偷桃的人。汉武帝才知道，东方朔是下凡的神仙。

“窃药”跟《嫦娥》出自同一传说，指的嫦娥偷吃灵药的故事。传说嫦娥的丈夫大羿曾帮助帝尧射下九日。大羿得到犒赏，是向西王母求得长生不老之药。嫦娥偷偷服了丈夫的药，奔月成仙。嫦娥是有名的女神仙，人们对她窃药的故事耳熟能详。

“十二城”指仙人居住的地方。“彩蟾”为月宫中的蟾蜍。宋华阳被关在道观之中，就如同被锁在月宫里的蟾蜍，不得自由，不能与恋人约会。

诗人以偷桃喻求仙，以窃药谓夫妇。成仙与成亲，是背道而驰的选择。想求得长生不老、位列仙班，必须绝情断爱、放弃恋人之间的相依相守。

许多年后，仓央嘉措也发出了类似的感慨：“世间安得双全法，不负如来不负卿。”仓央嘉措至情至性、风华卓然，却自幼为僧。“不负如来不负卿”是不可能实现的奢望，他的内心充满了矛盾，在佛法与爱情中纠结挣扎了一生。

虽然在玉阳学道，李商隐却不是纯粹的道教徒。跟宋华阳相恋以后，他更加明白自己心之所向。相较于修仙长生，他会毫不犹豫选择人间幸福。

但是，宋华阳自幼陪伴公主修仙，在灵都观生活多年。她要做出选择，就没有那么容易了。李商隐深深地理解她的心情，以“事难兼”三个字，将她内心的矛盾与痛苦诠释得淋漓尽致。

末句，诗人直抒胸臆。这样美妙的夜色，本来该是同宋华阳姐妹一起欣赏的。但他只能遥望美人所在的楼宇，垂着晶莹剔透的门帘。

李商隐写完把这首诗，依然请刘道士转交给宋华阳的妹妹。他做好了石沉大海的准备，却依然抱有一丝期待。

不多久，刘道士带来了好消息。宋华阳姐妹约他半月后相见。他还带来了礼物。宋华阳得知李商隐食不安、夜不寐，甚为挂怀，给他配制了一包药丸调理身体。

李商隐欢欣雀跃，赶紧吃下药丸。疲惫的感觉一扫而空，轻盈地握住手中笔，写下《药转》。

郁金堂北画楼东，换骨神方上药通。
露气暗连青桂苑，风声偏猎紫兰丛。
长筹未必输孙皓，香枣何劳问石崇。
忆事怀人兼得句，翠衾归卧绣帘中。

药丸的效果非常神奇。李商隐一时间身轻如燕，竟有脱胎换骨之感。

他身体舒畅，继而神清气爽。忙着忆事怀人，频得佳句。更难得的是，刚一入夜，倒头就睡，一夜好梦。如此轻松愉快的感觉，他很久没有体会过了。

诗人赞美宋华阳的药方是“换骨神方”。宋华阳精通药理，加之熟悉李商隐的体质，药效自然不差。俗话说，病重不如情重。药效显著，更重要的原因，是心病还须心药医。李商隐每每服下药丸，就像品尝宋华阳烹制的美味菜肴，甘之如饴。

服药之后，身心愉悦。李商隐一扫憔悴之色，面颊逐渐红润、容光焕发，恢复成神采奕奕的美少年。

半月之约很快到来。宋华阳姐妹在小木屋准备了可口小菜，邀刘道士与李商隐同往。李商隐明白，宋华阳此举，是为了避免尴尬，也是为了跟他保持朋友的界限。他心中略微有些酸楚。

不论如何，能够再次见到朝思暮想的佳人，已经是难得的幸运了。

秋日傍晚，玉溪畔渐无鸟鸣，一片静谧。溪水笼罩着浓雾，溪边的树林草地渐次模糊。白雾茫茫，小木屋若隐若现，只剩下隐约的轮廓。虽无琼楼玉宇、雕楼画栋，简陋的小木屋瑞气腾腾，仿佛散仙居住的世外桃源。

溪上生风，吹散了白雾，小木屋的轮廓逐渐清晰了。李商隐看清楚了，小木屋门口站着他思念的女子。

宋华阳的装束简单素雅，一如往日。她挽着简单的发髻，洁白的发带在风中翻飞。宽大的道袍之下，身姿更显瘦削。

宋华阳貌美而孤清，被许多人誉为仙子，李商隐更多次在诗中将其比作嫦娥。这一次相逢，她又比嫦娥多了几分灵动的美。

溪面波光粼粼，溪边云雾缭绕。宋华阳宛若从《洛神赋》里走出的宓妃："其形也，翩若惊鸿，婉若游龙，荣曜秋菊，华茂春松。髣髴兮若轻云之蔽月，飘飖兮若流风之回雪。远而望之，皎若太阳升朝霞。迫而察之，灼若芙蕖出渌波。"

嫦娥与宓妃融为一体，变成眼前超凡脱俗的宋华阳。李商隐看呆了片刻，一首短诗脱口而出，即《袜》。

尝闻宓妃袜，渡水欲生尘。
好借嫦娥著，清秋踏月轮。

这首小诗精致而巧妙，显示出诗人不俗的想象力。听说那洛神宓妃，有一种特殊的袜子，穿上之后，可以凌波而行，如履平地。诗人想向宓妃借来这双袜子，给嫦娥穿上。清冷的秋天里，她可以在月亮上面自由行走了。

用两位最美丽的女神来比拟，无论哪位姑娘听了，必定都会欢喜。更何况小诗行云流水，每一个字都是真情实感的流露，全无雕琢的痕迹。诗人想为心上人求得凌波渡水之袜，是担心姑娘秋寒怕凉，也是想让她隔绝凡尘世俗的气息。在他心中，姑娘就是当之无愧的仙女。

宋华阳姐妹将李商隐和刘道士迎进屋内，用过晚餐，又一起赏月聊天。

刘道士脑子活络，找了个借口带宋华阳妹妹离开了，只剩下宋华阳和李商隐二人。

李商隐看出来了，宋华阳有意与他保持距离，不好轻易开口说话。

“我有东西要拿给你看。”宋华阳打破了沉默。

李商隐问：“宋神医要给我看的，是药方还是药丸？”满屋子药香让他沉醉。他好像闻见，身旁的佳人也散发出幽幽的药香味。

“你来玉阳山的目的是什么？”宋华阳黛眉轻蹙，问道。

宋华阳这个简单的疑问，倒难住了李商隐。那个时代，求仙问道成了一种风尚。来玉阳山学道的中老年人，多数是看破红尘，诚心皈依道门。

李商隐来到玉阳山，并没有经过多么深刻的思索。他就像其他年轻人一样，随大流离家外出，背着行囊踏上了学道求仙之路。他从小命运多舛，吃了许多苦，修仙意味着脱离世俗烦恼，过几年无拘无束的生活，这便是神仙般的日子了。

他用含情脉脉的眼神凝视着眼前的姑娘，笑答："我来玉阳山，就是为了遇见华阳啊。"

如果是其他的姑娘，大约会被恋人的甜言蜜语打动，沉醉在温暖的怀抱中、迷人的梦境之中。但宋华阳天生冰雪之姿，加之在玉阳山修仙已久，性情已经极为冷淡理智。

宋华阳正襟端坐，道："虽然不知公子为何来到玉阳山，但你们清虚观里其他修道之人，都各怀目的。"

"他们有意接近公主，以为可以像当年玉真公主引荐王维、李白一般，寻求终南捷径，进而平步青云。"

玉真公主推荐王维、李白的故事，李商隐早就听道观中人提起过。

据说，王维少年时期曾随岐王李范拜谒玉真公主，为公主弹了一曲《郁轮袍》，震惊众人。李范又向公主介绍，王维不仅精通音律，更写得一手好诗。公主看了王维献上的诗作，惊讶万分。她说，这些诗文我曾读过，还以为是古人的作品，没想到出自年轻小伙子之手。玉真公主力荐之下，王维状元及第。

李白游终南山时见到玉真公主，曾撰《玉真仙人词》赞颂公主的风姿：“玉真之仙人，时往太华峰。清晨鸣天鼓，飙欻腾双龙。弄电不辍手，行云本无踪。几时入少室，王母应相逢。”诗人将玉真公主比作真正的神仙，乘龙弄电，行云无踪。玉真公主十分欢喜，当即把李白举荐给了皇帝李隆基。

想到此处，李商隐心中隐隐一动。

宋华阳不禁摇了摇头：“不过，我们的公主不同于玉真公主。她为人非常谨慎，坚持不涉朝政，绝不会轻易给朝廷推荐人才。这条路，如今是走不通了。不如你试试考道举？”

她转身走进屋内，抱出一叠书本经卷。那些都是她多年来收集的珍贵罕见之物，今日决定送给李商隐。

李商隐摇头：“书我不能收。修道方面，我没有天分。”

宋华阳坚定地说：“你有。我看过你写的一首修道诗。”说罢，宋华阳认真地背诵起来。

大道谅无外，会越自登真。丹元子何索，在己莫问邻。

蒨璨玉琳华，翱翔九真君。戏掷万里火，聊召六甲旬。

瑶简被灵诰，持符开七门。金铃摄群魔，绛节何兟兟。

吟弄东海若，笑倚扶桑春。三山诚迥视，九州扬一尘。
我本玄元胄，禀华由上津。中迷鬼道乐，沉为下土民。
托质属太阴，炼形复为人。誓将覆宫泽，安此真与神。
龟山有慰荐，南真为弥纶。玉管会玄圃，火枣承天姻。
科车遏故气，侍香传灵氛。飘飖被青霓，婀娜佩紫纹。
林洞何其微，下仙不与群。丹泥因未控，万劫犹逡巡。
荆芜既以薙，舟壑永无湮。相期保妙命，腾景侍帝宸。

这首诗极为晦涩难懂，名叫《戊辰会静中出贻同志二十韵》。每一句都充满了道教修行的专业术语。能够将繁复的修行过程准确提炼成一首诗，可见诗人已经具备了相当的修行基础。

李商隐有些感动。他感谢宋华阳记得这首长诗。但是他不想欺瞒心上人，他对道教的兴趣没有想象中那么浓厚，也没有考取道举的打算。

李商隐道：“我会用心做事、用心写文，如果有你在身边，就更好了。听说公主心肠好，不如我们一起去求她？”

宋华阳摇头：“正因为公主心地善良，我不能离开她。”她对李商隐讲起小时候的事情。她原本是罪臣之女，幸得公主庇佑，才让她们姐妹活下来。当时，宋华阳就曾立誓，要一生陪伴公主。

李商隐深知，此事再无回旋的余地，再度黯然神伤，不觉流下泪来。

宋华阳伸出冰凉的小手，为他拭去眼泪："你要好好生活，不浪费自己的才华。我在玉阳山上为你诵经祈福。这些书，也不只是用于考取道举。里面有许多传奇和典故，你写诗的时候用得上。有缘再会。"

李商隐接过沉甸甸的经卷典籍。分别以后，宋华阳读过的那些书，继续陪伴他度过了许多个不眠之夜。对宋华阳无边的思念，消解了典籍的枯燥与厚重，造就了一位用典出神入化、风格凄美浪漫的大诗人。

第三章 错失柳枝

有人说，忘记一段感情最好的方法，就是时间和新欢。又有人说，人生的出场顺序很重要，在错误的时间遇见对的人是一种遗憾。柳枝的出现，让李商隐走出了失恋的泥沼，重新点亮了他的青春。他还没有准备好迎接炙热的爱恋，错失了这段宝贵的缘分。多年以后，柳枝的笑容，依然是李商隐回忆里最明亮的色彩。

初到洛阳·相见时难别亦难

相见时难别亦难，东风无力百花残。
春蚕到死丝方尽，蜡炬成灰泪始干。
晓镜但愁云鬓改，夜吟应觉月光寒。
蓬山此去无多路，青鸟殷勤为探看。

——《无题·相见时难别亦难》

从失恋的情绪里走出来，从来都不是容易的事情。何况李商隐心思细腻，天生敏感多情，对宋华阳用情至深。从玉阳山下来之后，李商隐郁郁不乐，无法融入平静的世俗生活。堂兄李让山邀请他到洛阳家住小住，他欣然前往。

洛阳是有名的富庶之地，人间乐土。中晚唐时期，大唐不复往日的恢弘繁华。边塞之地，藩镇祸乱。穷乡僻壤，民不聊生。都城长安，也充满了阴谋与纷争，不得安宁。洛阳保存了盛唐时期的绚烂璀璨。因为稀有难得，许多人对洛阳心生向往。

退居于洛阳的官员，安享富贵温柔乡的平静生活，暂时忘却藩镇与宦官对朝政的威胁，也暂时尘封了对国家前程的隐忧。定居于洛阳的商人，在此求田问舍，为半生劳碌、漂泊不定的家人寻得安身之所。

“洛阳地脉花最宜，牡丹尤为天下奇。”洛阳盛产牡丹。帝王贵族、文人士子、民间百姓，无不赏花爱花。牡丹国色天香，是当之无愧的人间富贵花。洛阳人赏花饮酒、听曲吟诗，亦是令人艳羡的富贵闲人。文彦博《游花市示元珍》记录了洛阳人赏花的盛况：“去年春夜游花市，今日重来事宛然。列肆千灯争闪烁，长廊万蕊斗鲜妍。交驰翠幰新罗绮，迎献芳樽细管弦。人道洛阳为乐国，醉归恍若梦钧天。”

堂兄李让山经常带李商隐出门玩耍郊游。这些令人快乐的事情，让李商隐的情绪得到了些许舒缓，却无法让他从忧伤中彻底走出来。

在喧哗的酒肆里，见到放肆调笑的歌姬舞姬，李商隐更思念玉阳山上冷清沉静的宋华阳。此时正值暮春时节，洛阳郊外春和景明。孩子们在树下流连嬉戏，恋人们在花下散步叙情。李商隐却只瞧见了百花凋零的哀愁，不觉吟出：“相见时难别亦难，东风无力百花残。”回屋之后，诗人伤不自胜，提笔写下了流传千年的《无题·相见时难别亦难》。

相见时难别亦难，东风无力百花残。
春蚕到死丝方尽，蜡炬成灰泪始干。
晓镜但愁云鬓改，夜吟应觉月光寒。
蓬山此去无多路，青鸟殷勤为探看。

这首诗与李商隐其他的诗作大为不同。诗中用典极少，几乎是纯粹的抒情。人海茫茫，遇见可心之人，何其困难。决意离开心上人，更加困难。然而，这些都是命定之事，实在无可奈何。如同在暮春时节，百花注定凋谢。春光将逝，东风也无能为力。这两句诗看似行云流水、一气呵成，其实情景交融，巧夺天工。冯舒曾评价，此句普通人毕世接不出。

“春蚕到死”“蜡炬成灰”将情感的热烈缠绵推至顶点。

春蚕典出乐府西曲歌《作蚕丝》：“春蚕不应老，昼夜常怀丝。何惜微躯尽，缠绵自有时。”女子对情郎的思念连绵不绝，至死方休。她自喻为春蚕，昼夜吐丝织茧，绵绵不尽，直到生命的尽头。诗中“丝”也是“思”的谐音。

蜡炬的形象特殊，边燃烧边落泪，是象征离情别绪的常见意象，如“思君如明烛，中宵空自煎”“思君如明烛，煎心且衔泪”。与李商隐同时代的诗人杜牧写过《赠别》：“多情却似总无情，唯觉樽前笑不成。蜡烛有心还惜别，替人垂泪到天明。”李商隐自己也有诗句：“蜡花长递泪，筝柱镇移心。”

情感炽烈至极之时，诗人忽然转换了视角。他对心上人的担心和体贴无处不在。宋华阳在做什么呢？她同样在经受相思的煎熬，夜不能寐，容颜憔悴。清晨览镜自照，担心满头青丝变了颜色。虽是暮春，玉阳山的天气依然寒冷。若在夜晚吟诗，月光照在身上，应该会让她格外寒冷吧。

蓬山就是传说中的海外仙山，这里指宋华阳居住的地方。青鸟是帮西王母传递消息的使者，这里指曾经帮他送信的刘道士。李商隐寄希望于刘道士，望他担起青鸟使者之责，继续送信给宋华阳。

末尾这一丝希望，稍许扭转了全诗浓烈的绝望情绪。然而，熟知李商隐身世的人都知道，这一丝希望最终会变成绝望。何焯曾评价，末路不作绝望语，愈悲。

李商隐写好了《无题·相见时难别亦难》，又作了一首小诗，表达对刘道士的问候，即《寄永道士》。

共上云山独下迟，阳台白道细如丝。

君今并倚三珠树，不记人间落叶时。

云山指云雾缭绕的玉阳山。李商隐回忆着，当时与刘道士同在玉阳清虚观修道，如今刘道士仍在山上，他却独自下了山。阳台是仙人居所，指道观。白道指山间小路。下山回望，玉阳山上，通往道观的小路已经纤细如丝。

三珠树源自《山海经》，此树为神树，树叶皆为宝珠，不因四季更替而荣衰。与之相对比的，是人间会落叶的普通树木。诗人羡慕刘道士无拘无束、逍遥自在，可以留在仙山继续修行，不会被俗事困扰。

两首诗寄出以后，诗人翘首以盼。过了许久，才收到刘道士的回信。

刘道士解释，前些日子下山云游了。道友们一切安好，无需挂怀。他有好些日子没有见到宋华阳了，无法把诗转送给她。前些日子，宫里有尊贵之人生辰，宋华阳姐妹随着公主回长安，之后就留在长安的华阳观了。

他称赞李商隐的诗才又精进了许多。这两首诗缠绵悱恻，发自肺腑，动人心弦。刘道士是读书人，虽不能写诗，尚能辨诗文之优劣。刘道士劝诫他面对现实，放下对前尘往事的执念，尽快振奋起来。

收到回信，李商隐的心绪更加沉郁了。他自知与宋华阳旧情难续。原本以为可以通过刘道士传递关心和挂念，如今也没有了可能。他悲叹道：“刘郎已恨蓬山远，更隔蓬山一万重！”又一气呵成添了几句，遂成《无题·来是空言去绝踪》。

来是空言去绝踪，月斜楼上五更钟。
梦为远别啼难唤，书被催成墨未浓。
蜡照半笼金翡翠，麝熏微度绣芙蓉。
刘郎已恨蓬山远，更隔蓬山一万重！

此诗随心绪而发，用典依然不多。全诗情绪炽烈，诗人对恋人直抒胸臆，将绝望的感觉贯穿了始终。

离别之时，你曾说有缘再会，原来只是一句空话。一别之后，再也见不到你的踪影。睁着眼到了清晨，明月倾斜于空旷的天空，远处传来五更时分敲响的钟。

夜里曾经短暂入梦，回到离别的那个场景。我们悲伤地啼哭直至呜咽，呼唤不出声响。梦里我急迫地给你写信。写完之后，才发现研墨未浓。

被褥和帷帐绣着金翡翠和芙蓉。昏暗的残烛还浅浅映照着，麝香的味道也没有散去，仿佛你真的来过。

传说中，刘郎曾经怨恨蓬山离得太过遥远。如今你所在的地方，比蓬山更远了万重山！

刘郎源自“刘阮遇仙”的故事，典出《幽明录》。汉明帝永平五年，剡县刘晨、阮肇去天台山取谷皮，却迷路了十三天。二人去山上采桃果腹，遇见两位极美的仙女。仙女盛情款待，留他们半年，饮酒作乐。二人回家以后，发现子孙已七世。

此处刘郎指诗人自己。于我而言，你居住的玉阳山已经很遥远了。没想到，你已经离开了玉阳山，去到了更加音讯渺远的长安城。

李商隐陷入了更深的绝望。他婉拒了让山兄的邀约，不再随众人出去赏花郊游。他在屋里闷了几天，独自出门透气。没有任何目的，就在洛阳居民的巷道里随意行走着。

走入一条普通的巷道，凉风拂过。风声越来越大，巷道路口的树叶和花瓣簌簌而落。李商隐觉得身心舒畅，静立于此，任由衣袂纷飞。风声中夹杂着一丝乐声，飘摇而至。

那一丝音乐，柔弱而茫然，仿佛困顿的精灵，四处寻找出口。它迷失在了逼仄的缝隙里，幽暗的峡谷中。跌跌撞撞，却没有放弃。忽然，天光乍现。它眼前豁然开朗，呈现出了一个绮丽无比的仙境。那里风和日丽，柳暗花明，落英缤纷。它循着花香，轻灵灵地停歇在了最美的花瓣上。

悠扬的天籁之音戛然而止。李商隐从想象中回到现实，体会到了许久没有的酣畅舒适。那个带领诗人走出幽暗之地，寻求光明的小精灵，究竟是什么呢？

他放眼望去，看见了巷道口种植的几丛牡丹。花朵硕大，开得艳丽繁复，几只小蜜蜂正在花蕊间穿行。它们正是诗人想象中的小精灵啊。

李商隐回到让山兄家中，研墨写诗。这一次，他要换一种心境，认真写一首长诗。世间种种感情，离不开悲欢离合。如他一般，身陷于情的痴男怨女何其多。他想跳出失恋的情绪，从旁观者的角度，完整地记录一次恋情，给别人，也给自己一些启示。

燕台之春·絮乱丝繁天亦迷

风光冉冉东西陌，几日娇魂寻不得。
蜜房羽客类芳心，冶叶倡条遍相识。
暖蔼辉迟桃树西，高鬟立共桃鬟齐。
雄龙雌凤杳何许？絮乱丝繁天亦迷。
醉起微阳若初曙，映帘梦断闻残语。
愁将铁网罥珊瑚，海阔天宽迷处所。
衣带无情有宽窄，春烟自碧秋霜白。
研丹擘石天不知，愿得天牢锁冤魄。
夹罗委箧单绡起，香肌冷衬琤琤佩。
今日东风自不胜，化作幽光入西海。

——《燕台四首·春》

李商隐对音乐向来敏感，虽不通乐理，却善于辨别音乐的优劣。昔日在玉阳修道，他最喜欢去看灵都观法事。除了可以遇见宋华阳，还可以聆听做法事的音乐。那时候，道观做法事通常伴随一种叫做步虚词的音乐，时而灵动婉转，时而悠扬恢弘。灵都观的乐师由公主从宫中挑选而来，音乐素养远胜民间乐师。

人的眼光一旦提升，就很难降下来。正如吃过山珍海味，就再难咽得下糠咽菜。李商隐跟着让山兄在洛阳各大酒肆听曲，那些当地有名乐师的演奏。跟玉阳山道观仙音相比，差了不少感觉。没想到，在这个普通的巷道，居然有深藏不露的音乐大师，弹奏出极富魅力的音乐。

这让他想起玉阳山上，灵都观中听到的步虚词。步虚词极美，但禅语仙音，高难问也。洛阳小巷里的琴曲，更具有感染力。

回到让山兄家中，李商隐耳畔依然回响着刚才听到的琴曲。他回味着，那只由音乐幻化而来的小蜜蜂，灵巧地带领他穿过峡谷，飞向仙境。在灿烂的春光之中，小蜜蜂与柳枝齐飞，落英共舞。带着甜蜜的微笑，他写下了《燕台四首·春》。

风光冉冉东西陌，几日娇魂寻不得。

蜜房羽客类芳心，冶叶倡条遍相识。

暖蔼辉迟桃树西，高鬟立共桃鬟齐。

雄龙雌凤杳何许？絮乱丝繁天亦迷。

醉起微阳若初曙，映帘梦断闻残语。

愁将铁网罥珊瑚，海阔天宽迷处所。

衣带无情有宽窄，春烟自碧秋霜白。

研丹擘石天不知，愿得天牢锁冤魄。

夹罗委箧单绡起，香肌冷衬琤琤佩。

今日东风自不胜，化作幽光入西海。

此诗以女子的口吻写成。阳光和煦，春光烂漫。田间地头，风光无限。女子化作一只娇小的蜜蜂，飞来飞去，四处寻找它的心上人，却始终没有找到。蜜房羽客指蜜蜂，冶叶倡条指柳树柔软鲜嫩的枝叶。蜜蜂寻寻觅觅，附近的柳枝柳叶都已经熟识了，但思念的对象一直没有出现。

春日迟迟，太阳笼罩在烟霭之中。女子亭亭玉立于桃树下。她梳着高高的发髻。桃花开得繁盛，亦如女子的云鬟。雄龙雌凤，指女子思念的对象和她自己。她寻觅不着对方，心绪犹如纷乱的柳絮。

午间醉眠，起床见到夕阳西下，还以为是初升的朝阳。她耳边依然回响着男子留下的只言片语。忧愁苦恼之际，她试图像铁网取珊瑚一样寻找对方的踪迹。但海阔天宽，不知道从何处着手搜寻。

荡漾清猿啼。脚著谢公屐，身登青云梯。”

李商隐生性细腻多情，不似李白那般潇洒。他在诗中写了不少神仙，却很少让自己在诗里像神仙一般飞升。

醒来之后，他神清气爽，一展愁容。接下来几日，他日日去小巷听琴曲，脸上有了笑容，步伐也轻快了许多。

让山兄很快发现了李商隐的变化，问他发生了什么好事。

李商隐并不隐瞒，一一道出实情。事情很简单，他在附近的小巷，听了几日打动人心的琴曲。

让山兄很高兴，赞叹这是难得的缘分，建议他去见见弹琴之人，说不定是一位妙龄佳人。

李商隐摇头。那琴曲的风格变化极大，时而柔弱缠绵，时而有海浪呼啸之音，不知出自何人之手。也许，高人是一位避世的男子。也许，高人是一位有夫之妇，或者是老妪。贸然相见，难免尴尬。

他喜欢的是这一段段动人心弦的音乐。至于演奏之人是谁，其实并不重要。他不愿意冒昧去打搅人家。

对于热爱音乐的人，音乐的疗愈功能是巨大的。

《笑傲江湖》里面，金庸先生也写过一段音乐结下的缘分。岳灵珊与林平之相恋，令狐冲深陷失恋之苦。又被人诬陷，说他携带的《笑傲江湖》曲谱是林家的《僻邪剑谱》。

令狐冲到绿竹巷，请绿竹翁加以辨别。绿竹翁请出“姑姑”，当众演奏了《笑傲江湖》曲，还了令狐冲清白。

令狐冲十分感激，每日来找绿竹翁的姑姑学琴，向她倾诉失恋失意的心情。他一直以为，弹琴的是一位温柔宽厚的老婆婆。优美的琴声帮他洗去了烦扰。至于弹琴之人是谁，并没有那么重要。

同样的，在李商隐心中，那个弹琴的人叫什么名字，什么相貌，什么年龄甚至什么性别，对他而言并不重要。

让山兄笑道，你们文人啊，就是把简单的事情想得太复杂。我是洛阳本地人，跟着你走一趟，确定了地址，再找附近的人打听打听，不就知道那是谁了吗？

让山兄是个热心人，他对李商隐的关怀是真切的。见到失魂落魄的李商隐恢复了元气，认定弹琴之人是他的有缘人。若是男子，可以发展稳定的友谊。如若对方是一名待婚嫁的女子，说不准可以促成一段良缘。

当然，让山自己也对弹琴的人颇为好奇。虽然他本身音乐素养不高，也不具备李商隐那样的灵性，但他喜欢听曲。

李商隐带着让山兄，走入听琴曲的小巷道。让山兄恍然大悟，这位弹琴的高手，是柳枝姑娘。

听说是一位姑娘，李商隐也颇为欣喜。

让山却连连摇头：“柳枝姑娘被宠坏了，一般人招惹不起。”

据说，她的父亲是个商人，生意经营得不错，赚了不少钱，在海上遇到风波去世了。姑娘的母亲处处惯着她，对她的娇宠胜过了对儿子的关心。百般宠溺之下，姑娘养成了我行我素的脾气。

她没有潜心学习女红，也不去琢磨如何做一个贤妻良母。柳枝姑娘虽然容貌出众、家境不错，到了十七岁的年纪，还没有多少人去提亲。偶尔有个人提亲的，也入不了她的眼。

李商隐很是好奇：“这位柳枝姑娘，平日里如何任性？”

让山兄说：“她任性的例子太多了。据说，她行事说话随心随性，全无章法。还未梳妆打扮完毕，看见了窗边的花草，就去忙着吹叶嚼蕊。”

李商隐笑了。他不是普通的男子，欣赏的也不是普通的女子。柳枝姑娘的行为，没有让他觉得不可理喻，反而感觉很可爱。他想去见见这位有趣的柳枝姑娘。

既然是有趣的姑娘，见面的方式也不可落入俗套。

让山兄性子活跃，办法多。他与李商隐商议一番，想出了一个妙计。这个计划，可以让李商隐与柳枝相识，还可以让柳枝见识到李商隐的才华。

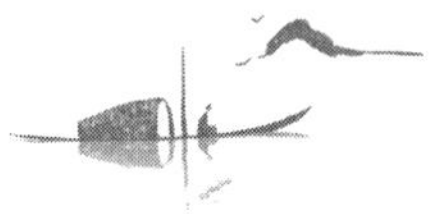

燕台之夏·轻帏翠幕波洄旋

前阁雨帘愁不卷，后堂芳树阴阴见。

石城景物类黄泉，夜半行郎空柘弹。

绫扇唤风阊阖天，轻帏翠幕波洄旋。

蜀魂寂寞有伴未？几夜瘴花开木棉。

桂宫流影光难取，嫣薰兰破轻轻语。

直教银汉堕怀中，未遣星妃镇来去。

浊水清波何异源，济河水清黄河浑。

安得薄雾起缃裙，手接云軿呼太君。

——《燕台四首·夏》

那一天，洛阳城下着小雨。暮春时节，正值牡丹的花期，洛阳城迎来了赏花盛况。男女老少倾巢而出，出门俱是看花人。下雨天，花市的生意冷清了许多。愿意冒雨出门采购鲜花的人寥寥无几。对于真正爱花的人而言，这样的天气恰恰最适宜出去买花。可以细细的挑选，不用忍受拥挤和嘈杂。柳枝就是这种真正爱花的人。

让山兄等候在柳枝回家的必经之路上。李商隐则站在不远处的柳树下。

黄昏时分，雨势小了许多，变成朦朦胧胧的雨帘。柳枝姑娘漫不经心地走过来了。她身姿娇小，体态柔软，笼着一件鹅黄色的襦裙，颜色好像柳条上冒出的嫩芽。

柳枝手里拿着一朵硕大的红牡丹。花瓣层层叠叠，开到了极盛，显然是她精心挑选的。细雨如丝，凝结在牡丹花瓣，也洒落在柳枝姑娘忽闪忽闪的睫毛上。雨水打湿了她的头发，弄花了她的妆容。

路上行人撑伞走过，用奇怪的眼神看着她。但她不以为意，轻轻嗅着牡丹的花蕊，继续陶醉在沁人的芬芳之中。

李商隐的心中一动，他想到了“露华浓”三个字，继而低吟着李白的《清平调》：“云想衣裳花想容，春风拂槛露华浓。若非群玉山头见，会向瑶台月下逢。”人比花娇、倚风含露，恰到好处地形容眼前的场景。

这时候，一个小丫鬟撑着伞走过来了。小丫鬟嗔怪着对柳枝说：“姑娘不让我陪你出门，自己出门又不带伞，要是生病了，夫人岂不担心死了。”

柳枝笑道：“放心，你家姑娘身子骨硬朗得很，没那么容易生病。若阿娘问起来，我就说是自己偷偷跑出去的，与你无关。你看这朵牡丹花漂亮吗？”

小丫鬟听了她的话，气消了一大半，撑着伞哄她：“漂亮漂亮，我们姑娘的眼光最好了。拿回家去，供在瓶子里再慢慢欣赏吧。”

此时，让山兄紧跟在她们身后，抑扬顿挫地吟诵着一句诗：“风光冉冉东西陌，几日娇魂寻不得。”柳枝姑娘的脚步慢下来。

他又念道：“蜜房羽客类芳心，冶叶倡条遍相识。暖蔼辉迟桃树西，高鬟立共桃鬟齐。”

柳枝姑娘的脚步停住了。

让山兄继续念道：“雄龙雌凤杳何许？絮乱丝繁天亦迷。”

柳枝姑娘转过身来，急切地问：“谁人有此？谁人为是？”

让山兄不无骄傲地答道：“是我堂弟李商隐写的。”

柳枝睁大了亮晶晶的眼睛，瞬时充满了神采。她拔下头上的发簪，在衣带上用力一划，扯下了半根衣带。她把衣带郑重地交给让山，请他向李商隐求诗一首。

柳枝的这个举动，让在场所有人惊讶不已。对于李商隐而言，这个举动是他意想之外的。惊讶之余，李商隐既高兴，又有几分感动。

虽然此时，他已经小有才名，收到过许多或真或假的称赞和恭维。但是，从未有人如此直白、大胆地对他表达欣赏。何况，此人是一位精通音律、青春貌美的少女。

回到让山兄家中，李商隐心绪激动。恍惚间，他总能见到柳枝拿着牡丹花飘然走过的身影。那样娇美的脸庞，那样浓艳的色彩，促使他提笔写下了《牡丹》。

锦帏初卷卫夫人，绣被犹堆越鄂君。
垂手乱翻雕玉佩，折腰争舞郁金裙。
石家蜡烛何曾剪，荀令香炉可待熏。
我是梦中传彩笔，欲书花叶寄朝云。

《牡丹》一诗，全然不似李商隐的风格。明艳纷繁，生机勃发，一扫他诗风中忧郁的气质。这正是柳枝带给他的活力。

写完《牡丹》，李商隐意犹未尽，又想象着细雨之中，柳枝期待与自己相见的情景，写下《燕台四首·夏》。将两首诗都认真地誊写在笺纸上。他舍不得将衣带还给柳枝，自己收藏了起来。

前阁雨帘愁不卷，后堂芳树阴阴见。
石城景物类黄泉，夜半行郎空柘弹。
绫扇唤风阊阖天，轻帏翠幕波洄旋。
蜀魂寂寞有伴未？几夜瘴花开木棉。
桂宫流影光难取，嫣薰兰破轻轻语。
直教银汉堕怀中，未遣星妃镇来去。
浊水清波何异源，济河水清黄河浑。
安得薄雾起缃裙，手接云軿呼太君。

前阁的雨下了许久，没有停下来的迹象。雨丝如帘，始终不曾卷起来。后堂的花木阴阴可见。

石城指女子居住之地。行郎指行走的少年。柘弹是柘制成，用以弹鸟雀的弹弓。雨天光线昏暗，她居住的地方就像黄泉一样幽暗。看不清眼前的景物，只能听见少年们弹鸟雀的声音。

阊阖天，指西南方的天。洄旋，指水流盘旋。手握绫扇，呼唤着西南方向的风。翠绿的帷幔轻轻飘荡，像水流盘旋。

蜀魂指杜鹃，即蜀王杜宇的魂魄。瘴花指烟瘴之地开的花。我思念的那个人，如今是否有人陪伴呢？他已经到了遥远的南方，那里的烟瘴之地开满了木棉花。

桂宫指生长着桂树的月宫。嫣薰兰破指女子启齿说话，芳香流溢。无法取得月宫的流光，女子只好对着明月低语，诉说心事。

银汉即银河，星妃指织女。就让银河坠入我的怀中吧，织女就不必为了约会来去渡河了。

济河水清黄河浑，典出《战国策》："齐有清济浊河。"浑浊的河水与清澈的河水，原本来自同一个源头。到了后来，却泾渭分明，济河水变得清澈，黄河的水变得浑浊了。就像我和你，原本同在一处，如今却两地分离。

云軿指仙人所驾的云车。太君即神仙，此处指女子思慕的对象。薄雾之中，我什么时候才可以穿上缃裙，迎接驾着云车到来的心上人呢。

第二日，让山兄如约叩响了柳枝的门扉。门吱呀开了。探出来一张娇俏的脸，带着盈盈笑容："让山哥哥，你帮我把诗带回来了么？"

让山兄道："不仅给你带来了诗，还把人也带来了。"

柳枝定睛一看，让山身后，果然跟着一位白衣书生。那人不过二十来岁的年纪，容貌清隽，笑容浅淡。

柳枝惊讶地问："你就是那个写诗的男子？"

李商隐点了点头。依着柳枝的口气问："你就是那个求诗的女子？"

柳枝也点头。两人相视而笑。

李商隐将手中的三页诗笺递给柳枝。柳枝捧着诗笺，轻轻诵读着。她先读了《燕台四首·春》。这首诗，前一日听李让山吟诵过，但听诗和读诗有区别。柳枝本是热爱艺术之人，诗书颇有所得。她喜爱李商隐飘逸的字体、华美灵动的诗句，捧着诗笺读了又读，一次次地惊叹，一遍遍地享受。

反复诵读了几遍《燕台四首·春》，她又翻开《燕台四首·夏》。这一次，她的惊叹更甚。“前阁雨帘愁不卷，后堂芳树阴阴见。石城景物类黄泉，夜半行郎空柘弹。”她用深情的目光凝望着李商隐。不知道为什么，自己昨晚跟诗中的女子有些相似。在暮春的雨夜里，怀着孤独的心情，等待着心上人。

读到《牡丹》，柳枝不禁会心一笑。她大方问道：“你昨日站在让山兄不远处吧？不瞒你说，我也瞧见你啦。”

她心中喜悦非常，原来自己对李商隐并非一厢情愿。

在唐代，十七岁的姑娘已经不小了，难免被催婚。柳枝表面上大大咧咧，其实是个富有艺术气质、心思细腻柔软的姑娘。被亲戚朋友们催促嫁人的时候，柳枝经常说，要找一个懂自己的人。虽然一直没有遇到，她却相信，冥冥之中，真的会有这样一个人，理解她的所思所想、所期所盼。

眼前这个人，不仅能够猜出她心中所想之事，还能够用诗句精确地表达她所想之事的含义。更难得的是，每一个字都那么美好，那么真挚，让人魂牵梦萦。眼前的这位公子，就是她一直在寻找的那个人啊。

柳枝惊喜之余，俏皮地说："烦请公子将衣带还给我。"

李商隐略微有些不好意思。让山兄抢着回答："他哪里舍得将衣带还给姑娘，早已当做宝贝珍藏了。柳枝姑娘，你们二人既是难得的缘分，那条衣带就当送给堂弟的见面礼吧。"

柳枝面露喜色，眼前这位年纪轻轻、才华横溢的公子，真的对自己有意呢。她道："这根衣带用作见面礼，实在太寒酸了些。改天我寻着什么好物件了，再专程送公子一件。"

李商隐诚恳又谦逊地回答："我的诗并非人人都喜欢。人生难得一知己，难得柳枝姑娘欣赏我的诗，这本身已经是很宝贵的礼物了。我听让山兄说，柳枝姑娘精通音律，尤擅弹琴。若能聆听姑娘弹奏一曲，更是荣幸。"

柳枝大方地答应："这有何难，如若公子喜欢，我日日弹给你听。"李商隐顿时感到幸福满溢。

在尚未见到对方之时，两人就被对方的才华所吸引。柳枝以音乐吸引了李商隐，李商隐以诗句吸引了柳枝。见面之后，又喜欢上了对方的容颜。

李商隐在柳枝五首并序里面，称赞柳枝娇俏妩媚。又在其他诗文中，将自己比作潘安，“必投潘岳果，谁掺弥衡挝”。可见，双方都是才貌俱佳之人。

选择所爱之人时，外貌重要还是内涵重要，是经久不衰的话题。那是因为，容貌与内涵同时出众的人，实在太少了。郎才女貌，即可算作一段良缘。男女兼具才貌，是可遇不可求之事。更难得的是，对于这份好感，双方都没有掩饰。

无论从哪方面考虑，这都是佳偶天成的故事啊。

燕台之秋·可惜馨香手中故

月浪衡天天宇湿，凉蟾落尽疏星入。
云屏不动掩孤嚬，西楼一夜风筝急。
欲织相思花寄远，终日相思却相怨。
但闻北斗声回环，不见长河水清浅。
金鱼锁断红桂春，古时尘满鸳鸯茵。
堪悲小苑作长道，玉树未怜亡国人。
瑶琴愔愔藏楚弄，越罗冷薄金泥重。
帘钩鹦鹉夜惊霜，唤起南云绕云梦。
双珰丁丁联尺素，内记湘川相识处。
歌唇一世衔雨看，可惜馨香手中故。

——《燕台四首·秋》

回到让山兄家中，李商隐心中喜悦不已。他同让山兄谋划着，用什么样的方式再次把柳枝邀约出来。没想到，柳枝自己来了。

这一天，天气格外的好。太阳暖融融，微风轻拂，河边的翠柳一溜儿轻轻摆动着。柳枝抱着一盆盛开的牡丹走过来。大风吹开了柳枝翠绿的裙衫，衣袂飘飘，宛若仙子。风更大些，弄枝惊叶，几只鸟儿扑腾着飞走了，飘下团团柳絮。

这一盆花开得极盛，花盆沉甸甸的。她不时把脸颊埋在花中，深吸一口花香，继续往前走。她尚未发现，长发上落了许多飞絮，洁白似雪。

美人、鲜花、杨柳、飞絮，引来许多艳羡的目光。

李商隐坐在窗前，也在默默注视着她。他从未见过如此潇洒自如、娇憨坦荡的女子，他深深被吸引了。

柳枝走到让山兄家，见到李商隐，大方地放下花盆，笑道，她收到李商隐那么美的诗，要以这盆牡丹作为谢礼。

让山兄对花颇有研究。他告诉李商隐，这是市面上少见的、极为名贵的品种，价值不菲。李商隐婉拒了，柳枝却直言，这样的十盆牡丹，都比不上李商隐的一首《牡丹》诗。

柳枝见他瞧着自己发愣，笑道："大诗人，又文思泉涌了么？"

李商隐点头，口占一首小诗，《赠柳》。

章台从掩映，郢路更参差。
见说风流极，来当婀娜时。
桥回行欲断，堤远意相随。
忍放花如雪，青楼扑酒旗。

这首诗并不深奥，直接展现了柳枝一路走来所见到的景色。春天的柳树格外繁茂。柳色明暗相间，柳枝参差不齐。

从前就听人说过，柳树有极致的风流。如今正是它们婀娜多姿的季节。

柳色如烟，似乎要被桥隔断。过了桥，又见葱茏翠绿的柳丝傍堤而去，继续随着长堤弥漫。我的心也紧紧相随。杨柳之美，不限于柳枝的婀娜。清风徐来，飞絮如雪，扑向青楼的酒旗。

柳枝拍掌称好，问："这首诗叫什么名字呢？"

李商隐道："《赠柳》，以柳枝赠给柳枝姑娘。"

柳枝感叹道："名为《赠柳》，全诗无一'柳'字，妙极！每年春天，我都在杨柳岸来来去去，从未发现柳树如此风流婀娜。莫非公子生了一双与常人不同的慧眼？"

李商隐笑道："我这双眼，本是愚眼，今日才成为慧眼。那是因为，今日之柳，不同于往日之柳。她变成了眼前的窈窕淑女，轻盈多姿，婀娜多情。"

情之所至，语出自然。顺理成章的，两人成为了情侣。

这是一段难得的快乐的时光。柳枝原本就是孩童心性，无论何时何地，都能找到有趣的事情。她在家闲不住，时常带着李商隐登高望远。

洛阳名胜古迹众多。若是往日，这样的出游，定会激发诗人无限的家国情怀或者怀古幽思。跟柳枝在一起，李商隐却深沉不起来。他被娇俏的柳枝感染，变得轻盈欢快，活泼灵动。

前一刻，她还倚在栏杆上眺望河岸灿如锦带的翠柳。下一刻，她已经跑去斜坡上的花丛中扑蝴蝶，直到香汗淋漓。在小亭子里暂歇，又去追逐山峦边际逐渐下沉的夕阳。

傍晚，柳枝叫李商隐一起捉萤火虫，收获满满，才下山回到灯火璀璨的街巷。来来往往的人，都忍不住朝他们多看一眼。李商隐有些奇怪地问："你有没有发现，很多人在看我们。"

柳枝笑道："可能因为我们长得好看吧。"

李商隐将信将疑。回到家中，让山兄大笑不已。不知什么时候，柳枝趁他不注意，把一枝牡丹插在他头上，引得众人瞩目。长相俊美的男子，戴花也会平添几许风流。但在唐代，男子极少戴花。

到了宋代，男子才有了戴花的习俗。苏轼曾在诗中提到年老簪花之事，历尽沧桑依然疏旷洒脱：“人老簪花不自羞，花应羞上老人头。醉归扶路人应笑，十里珠帘半上钩。”

柳枝的捉弄，让李商隐哭笑不得。他苦思冥想，心生一计，教柳枝练字。李商隐摆出先生的架子，让她反复书写同样的字。柳枝是孩童心性，不一会儿，就趴在桌上晕乎乎睡着了。李商隐拔下她手中的笔，在她脸上画了几根黑漆漆的胡须。

李商隐等着看她醒来的囧样。没想到，她看了镜子，竟然欢喜无比，把身边的小猫抱过来一起照镜子：“有了胡子，我们好像姐妹呀。”

看着她永远无忧无虑的模样，李商隐爱怜地摸摸她的头发，写下《谑柳》。

已带黄金缕，仍飞白玉花。
长时须拂马，密处少藏鸦。
眉细从他敛，腰轻莫自斜。
玳梁谁道好，偏拟映卢家。

这首诗带有开玩笑的意味，写出了柳枝的调皮活泼的样子。最后一句，将柳枝比作卢家妇，依然是在赞美柳枝美丽动人。卢家妇人，指卢家莫愁，是古代的大美女。

跟柳枝在一起的日子，洋溢着轻松快乐，常常让李商隐想起童年。这时期，李商隐写了许多关于柳的诗。那些缠绵悱恻、优美动人的诗句，记录了美好的点点滴滴。

柳枝拥有卓越的音乐天赋。她并不挑剔乐器，随时随地可以演奏出动听的音乐。在野外，随手摘一片树叶，放在唇边，就可以模拟鸟语。

这日，柳枝邀约让山兄和李商隐去郊外，那儿有许多柳树。让山兄很识趣，不一会儿，就找了借口离开了。正是繁花似锦、绿树成荫的时节，郊外游人如织。几株古柳卓然而立，虎踞龙盘，浓荫如盖，生机盎然。

古柳旁边，有几户人家在举办舞筵，热闹非凡。几名年轻的女子身着绿衣，翩然起舞。绿裙翠袖，摇曳多姿，与随风飞舞的柳枝融为一体，难解难分。

李商隐看得入了迷，随意问起："你知道她们跳的什么舞吗？"

柳枝娇笑道："我虽不知道她们跳的什么舞，看了几遍，也学会了。"说罢，站起身来。踏着音乐的节奏，颔首抬腕，轻摆长裙，临风起舞。

李商隐只知道柳枝娇美动人，精通音律、善于弹奏，不知她善舞，不觉看得呆了。柳枝笑容干净，举止间有掩不住的纯真动人，又有难以忽略的风流妩媚。

李商隐陶醉于此情此景，又以《柳》为题，作了一首小诗。

动春何限叶，撼晓几多枝。
解有相思否，应无不舞时。
絮飞藏皓蝶，带弱露黄鹂。
倾国宜通体，谁来独赏眉。

惊动春天的，岂止是娇嫩的绿叶。春天的早晨，正是被摇摆的柳枝唤醒的啊。无时无刻不在舞动的柳枝，能不能理解我的相思呢。纷飞的柳絮洁白如雪，隐藏了翩翩起舞的白蝴蝶。柔弱的柳条轻轻摇动，露出了娇小的黄鹂。如同倾国倾城的美人，就应该从整体欣赏，不能局限于眉毛啊。

这首诗构思巧妙。写柳，通篇不提“柳”字。最后一句“倾国宜通体，谁来独赏眉”，体现出审美的整体思维。在后世美学研究中，被频繁提起。真正倾国倾城的大美人，并不局限于漂亮的眉眼，而在于整体的优美与和谐。

就像秀外慧中的柳枝姑娘。容貌、性情、才华，全都不同寻常。她的琴音、她的舞步，她的妩媚可爱、娇俏可人，足够让李商隐心驰神往。

窈窕淑女，君子好逑。对柳枝姑娘心动的，不止李商隐一人。不一会儿，周围竟然围了一圈人。

从旁边的舞筵上走过来一名男子。那人颇为有礼，自称是东诸侯的使者。寒暄几句后，他告诉柳枝，东诸侯正在寻觅善舞的佳人。柳枝容貌出众，舞艺了得，可以去做东诸侯的侍妾，享受锦衣玉食的生活。

柳枝断然拒绝。那人继续劝说，东诸侯家财万贯，向来对妻妾娇宠。况且，东诸侯本人也是仪表堂堂、气宇轩昂的美男子。说罢，示意柳枝去看旁边舞筵上的贵人。

舞筵上，的确有一位儒雅端庄的中年男子在频频张望。那位便是东诸侯了。

使者道："东诸侯眼光甚高，却一眼就看上了姑娘。对很多女子而言，这是求不来的福分啊。姑娘有何不满意，还望直说。"

柳枝没有直接回答，背诵了一遍《陌上桑》。

日出东南隅，照我秦氏楼。秦氏有好女，自名为罗敷。罗敷喜蚕桑，采桑城南隅。青丝为笼系，桂枝为笼钩。头上倭堕髻，耳中明月珠。缃绮为下裙，紫绮为上襦。行者见罗敷，下担捋髭须。少年见罗敷，脱帽著帩头。耕者忘其犁，锄者忘其锄。来归相怨怒，但坐观罗敷。

使君从南来，五马立踟蹰。使君遣吏往，问是谁家姝？

"秦氏有好女，自名为罗敷。""罗敷年几何？""二十尚不足，十五颇有余。”使君谢罗敷：“宁可共载不？”罗敷前致辞：“使君一何愚！使君自有妇，罗敷自有夫！”

“东方千余骑，夫婿居上头。何用识夫婿？白马从骊驹，青丝系马尾，黄金络马头；腰中鹿卢剑，可值千万余。十五府小吏，二十朝大夫，三十侍中郎，四十专城居。为人洁白皙，鬑鬑颇有须。盈盈公府步，冉冉府中趋。坐中数千人，皆言夫婿殊。”

使者皱眉听罢，看了一眼李商隐：“难不成，这位就是你口中前程似锦的夫婿？看起来，跟东诸侯相差甚远啊。”不难听出，使者大有讥讽之意。

柳枝满怀信心地回答：“他即便今日不如东诸侯，以后定然有功成名就的一天。”

李商隐心下非常感动，却也感受到了沉甸甸的压力。

他家境贫困，而且还没有考取功名。柳枝家十分富庶，她又是家中的掌上明珠。如此境况，柳枝的母亲怎会愿意将女儿嫁给他受苦呢。

使者的话语，让李商隐想起了宋华阳的妹妹。她也曾如此直白地告诉李商隐，如若他是高官巨贾，或者极有名望的大才子，公主有可能让宋华阳还俗，将宋华阳许给他。但他一介布衣，家中贫寒，在这段关系里没有任何的底气。他和宋华阳相爱一场，徒留一身情伤。

回到让山兄家中，李商隐说出了心中的隐忧。让山兄随即准备了礼物，带着李商隐去柳枝家拜访，找柳枝的母亲旁敲侧击打探口风。

事情如李商隐所料。柳枝的母亲是见过世面的人，一眼就看出了李商隐的寒酸。她婉转地表示，柳枝从小娇生惯养，恐怕当不了李商隐的贤内助，没有这个福分。

李商隐灰心丧气。让山兄安慰他，缘分有深有浅。既然不是良缘，不如到此为止吧。

如若李商隐还是未经世事的少年，他也许会像司马相如一样，约卓文君一起浪迹天涯，成就一段人间佳话。但他与宋华阳有始无终的一段情，已让他们伤痕累累。也许就此放手，避免陷得更深，才是对彼此最好的成全。

夜不能寐，李商隐写下了《燕台四首·秋》。

月浪衡天天宇湿，凉蟾落尽疏星入。
云屏不动掩孤嚬，西楼一夜风筝急。
欲织相思花寄远，终日相思却相怨。
但闻北斗声回环，不见长河水清浅。
金鱼锁断红桂春，古时尘满鸳鸯茵。
堪悲小苑作长道，玉树未怜亡国人。
瑶琴愔愔藏楚弄，越罗冷薄金泥重。

帘钩鹦鹉夜惊霜，唤起南云绕云梦。
双珰丁丁联尺素，内记湘川相识处。
歌唇一世衔雨看，可惜馨香手中故。

此诗主题依旧是等待，情景却跟《燕台四首·夏》大为不同。《燕台四首·夏》中的女子怀有希冀，还在末句中想象，意中人从云中驾车而来。

《燕台四首·秋》中，女子独对旧物，怀思旧情。她只能怀念曾经美好的过往，对未来几乎丧失了希望。

“衡”字通“横”，凉蟾即凉月。月亮的光线清凉，仿佛波浪打湿了天空。凉月落下之后，稀疏的星星又点亮了天空。

“嚬”字通“颦”，指皱眉。风筝，指悬挂在屋檐下，因风而响的铜片。云母屏风静静不动，遮挡着频频皱眉的孤独女子。风吹了一整夜，西楼下悬挂的风筝响个不停。

打算织一幅相思花样的物件寄给远方的人，但整日的相思又生出了怨情。

回环有循环反复之意。水清浅表示牛郎织女容易相见。星斗轮转，岁月如梭，连银河的水都变得清浅了，逐渐隐没不见。

金鱼指铜锁，红桂指女子。一把铜锁将女子关在屋内，锁住了她的青春。鸳鸯茵上堆积了许多旧时的灰尘。

玉树指《玉树后庭花》，陈后主的妃子张丽华曾舞此曲。亡国人指女子自己。她的住所显现出几多荒凉的景象。原来的小苑已经变成了长长的道路。女子能歌善舞，却无人再来欣赏和怜惜。

楚弄典出《新唐书》："琴工犹传楚汉旧声及《清调》蔡邕五弄、楚调四弄，谓之九弄。"此处，楚弄指琴曲。女子在秋天的深夜弹琴。琴声愔愔，安静中暗藏着悲郁的楚调。越罗制成的衣衫显得太轻薄，衣服上的泥金装饰有些沉重，她穿着有点寒冷了。

南云指思念之情，典出《思亲赋》："指南云以寄欸，望归风而效诚。"深夜，帘子吊钩上的鹦鹉被寒霜惊醒，唤醒了云梦之上的神思。

双珰指耳中玉饰，此处代指定情信物，丁丁即玉饰相撞的声音。尺素指书信。女子的心上人曾经将定情的玉饰与书信一起寄给她。信中记录着旧时相识的事情。

雨指泪雨。馨香指情爱所带来的温馨香气。女子的歌唇含着泪雨，可惜情爱带来的馨香已经在手中消散了。

他能真切地感受到，柳枝对他寄托了全部的爱。若是他就这样离开了，柳枝该有多难过啊。即使分别是他们的宿命，他也决意好好与她道别。

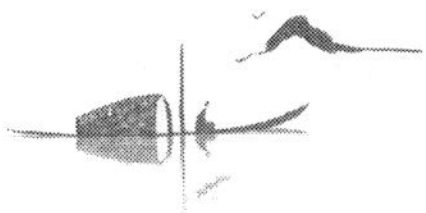

燕台之冬·青溪白石不相望

天东日出天西下，雌凤孤飞女龙寡。
青溪白石不相望，堂上远甚苍梧野。
冻壁霜华交隐起，芳根中断香心死。
浪乘画舸忆蟾蜍，月娥未必婵娟子。
楚管蛮弦愁一概，空城罢舞腰支在。
当时欢向掌中销，桃叶桃根双姊妹。
破鬟倭堕凌朝寒，白玉燕钗黄金蝉。
风车雨马不持去，蜡烛啼红怨天曙。

——《燕台四首·冬》

这一日，柳枝上门来寻找李商隐。他已经好几天没有邀约自己了，柳枝隐隐感到一些不安。她见到李商隐的时候，李商隐依然是欢喜的。眼前的女子依然一副不谙世事的模样。他几次开口想说离别之事，都忍住了。

柳枝的情绪有些低落。她想让李商隐陪自己出门走走，李商隐立即同意了。

来到他们熟悉的郊外，生长着古柳的草地上。时令变迁，柳叶已经凋零了不少，柳树也露出了枯槁苍老的容颜。

柳枝叹息道："柳叶快要落光了，古柳就要显出老态龙钟的模样了。再美好的东西，都敌不过时间啊。"

这是她第一次显露出忧伤的样子。李商隐看着眉头紧锁的姑娘，心中隐隐一疼，宽慰道："来年春回大地，古柳又会郁郁葱葱，恢复往日荣光。"

柳枝低低地应了一声，止住了这个话题。她又恢复成笑意盈盈的样子，问道："好久没有听过你的诗了，近来可有新作啊？"

"有。"李商隐恳切地回答着，准备把新作的两首诗拿出来。这两首诗，是他独自漫步山中，走入小亭，想象自己与柳枝告别的时候作的诗，因而名为《离亭赋得折杨柳二首》。

暂凭樽酒送无憀，莫损愁眉与细腰。

人世死前惟有别，春风争拟惜长条？

何以解忧，唯有杜康。离别之人总是要饮酒的。李商隐斟满了一杯酒，在想象之中与柳枝作别。劝慰她暂且凭借着这杯酒，遣散无所依傍、烦闷困苦的心情吧。柳条袅袅，犹如你的眉毛与腰肢。万望你保持青春和健康，不要让因忧愁而蹙眉，不要清减了细腰。

在人间，除去死亡，只有离别更让人痛苦。如此令人伤怀的情景之下，春风不应该爱惜柳枝，而不让离别之人去攀折。

含烟惹雾每依依，万绪千条拂落晖。

为报行人休尽折，半留相送半迎归。

依依一词，出自诗经《诗经·小雅·采薇》：“昔我往矣，杨柳依依。今我来思，雨雪霏霏。”烟雾渺渺，杨柳依依，流露出惜别之情。微风吹过，千条万绪的柳枝轻轻飘动，拂去了夕阳的余晖，徒留百般眷恋。

报，有告知、劝告的意思。诗人想劝告离别的行人，不必把柳枝折尽。一半留给送别的人，一般用来迎接归来的人。

这首诗的末尾，有些许乐观的意思。李商隐想告诉柳枝，虽然他即将离开，离别之后，还有机会重逢。

李商隐提前准备好了这两首诗，作为告别的礼物。但真正见面的时候，看见柳枝满面愁容，他却不忍直接道别，只好口占了一首。

永定河边一行柳，依依长发故年春。

东来西去人情薄，不为清阴减路尘。

这首诗，前两句还能听出激励人心之意。依依长发故年春，正是为了宽慰柳枝，流露出春去春又回的意思。

后面两句，却尽显忧伤与无奈。来来往往都是不相识的陌生人。他们不会怜惜路边的柳树，更不会惦记着让柳树长得更好，而期盼减少路上的灰尘。

眼前的这个明媚少女，有着孩童一般的善良单纯。李商隐离开以后，她会嫁给谁呢，那个人，会真心懂得她、宠爱她吗？

柳枝勉强地笑了笑，走到李商隐身边，轻轻拉了拉他的手。天色尚早，她要带他去山的另一边。

这是李商隐从未到过的山坡。松柏苍苍，凉风阵阵。偶尔有鸦雀飞过，带来几声悲鸣之音。顺着小径，他们走到一座坟墓前。

柳枝在墓前跪下，叩了头。

原来，这是柳枝父亲的墓地。她的父亲早年间外出经商，葬身于风波之中，未寻到遗体。这里葬着的，是她父亲的衣冠。

李商隐心中涌起一阵悲凉，他想起了自己早逝的父亲。也想起了自己年少时，不远千里，送父亲的灵柩回乡的漫漫路途。他的父亲虽然去世了，至少还能埋骨于祖墓之中。柳枝却只能对着衣冠冢凭吊父亲。相形之下，柳枝更为不幸。

但是，柳枝却始终以明朗的笑容示人，给李商隐带来了许多的欢乐。这是多么珍贵的品质啊。

柳枝拿起一支洞箫，缓缓吹奏，山谷中响起回旋往复的荡气回肠之音，如同海风吹拂、海浪奔涌。

她告诉李商隐，父亲是一位富有艺术气质、精通音律的商人。小时候，她曾随着父亲去海边。父亲时常面对着大海，吹奏这支洞箫。他的音乐仿佛有召唤潮汐的魔力。

小小的柳枝姑娘，无忧无虑地在海滩上捡拾贝壳，直到黄昏将至、彩霞满天。

这一天，正值柳枝父亲的忌日。她邀约李商隐前来，是想让父亲放心，她已经找到了可以托付终身的人。

听着柳枝的喃喃低语，李商隐心中热浪涌动，感动不已。他紧紧握住柳枝冰凉的小手，跟着柳枝一起，朝坟墓拜了拜。柳枝姑娘是对他最好的姑娘，他诚挚地许诺，会努力成为照顾她一生的那个人。

有一位品貌俱佳、志趣相投的女子，如此爱慕他，夫复何求？那两首离别的诗，以及他准备好跟柳枝道别的那些话，都已经烟消云散。虽然家境贫寒，他暗下决心，要考取功名，迎娶柳枝进门，与她相伴一生。

回到让山家中，他拾起《礼记》《左传》《论语》等儒家典籍，用心准备科举。洛阳距离长安不远，让山兄对李商隐读书颇为支持。有了希望，就有了干劲。这段时间，他过得很心安。他读书，是为了自己，是为了家人，也是为了给柳枝一个美好的未来。

有时候读书累了，柳枝带着他出门散步。看她蹦蹦跳跳走路，听她叽叽喳喳说话。忙碌的生活里，柳枝为他弹琴吹箫、轻歌曼舞，时常给他惊喜。只要在柳枝身边，他永远都不会倦怠。

转眼间，快到上巳节，李商隐考试的日子近了。上巳节的庆典盛大隆重，有祭祀宴饮、曲水流觞的风俗。柳枝生性喜爱热闹。她告诉李商隐，三日后将溅裙水上，以博山香待。

溅裙水上，是洗衣裙的意思。据说上巳节，女子在水边洗衣，可以洗除邪秽。博山香炉，是女子随身携带的小香炉，蕴含着情爱的密语。南朝民歌这样形容情人之间的甜蜜缱绻："暂出白门前，杨柳可藏乌。欢作沉水香，侬作博山炉。"

这份情意，李商隐了然，也欣然接受。

静待佳节的日子里，李商隐收到了老家的书信。

在此之前，他跟母亲提到过，自己在让山兄家安心准备科举考试，认识了一位可爱的姑娘，名叫柳枝。姑娘品貌俱佳，性情活泼，更难得的是，对自己情深义重。待他考取了功名，就去迎娶那位姑娘。

母亲对子女们慈爱有加。儿子早早定下亲事，就意味着可以早一点抱上孙子。她知道了儿子有恋人的事情，大概会高兴吧。没想到，家人在信中说："母亲得知此事，竟然生病了。"

让山兄的话点醒了李商隐："柳枝的母亲嫌弃你寒酸，你的母亲也嫌弃她家是商人出身，配不上你这位官宦子弟。你们，原本就不是一类人啊。"

虽然唐代风气比较开放，但婚姻是人生大事，必须要遵从父母之命、媒妁之言。擅自婚配的男女，会经历许多波折，还难得有好结果。何况，李商隐的父亲去世得早，母亲含辛茹苦将孩子们拉扯大，他不忍忤逆母亲的意思。

他心中的选择已经明了，但不知道该如何跟柳枝交代。看着她充满希冀的眼神，话到嘴边又咽回去了。

碰巧此时，与他约定好同去长安考试的友人提前出发，还偷偷带走了他的行李。不知道是友人故意为之的恶作剧，还是无意间的行为。无论如何，李商隐只好即刻出发，追随友人而去了。

带着惭愧和内疚，他给柳枝留下了一封书信，没有见面道别，就匆匆而去。

去长安的路上，他忍不住回忆与柳枝相处的欢乐时光。又忍不住想象，三日之后，上巳佳节，柳枝孤零零的身影。失去恋人的柳枝，即使置身于花红柳绿的春景，心绪也如同处在冬日一般，渐渐走向幻灭吧。

客栈里，昏暗的灯光下，他写下了燕台四首的终章，《燕台四首·冬》。

天东日出天西下，雌凤孤飞女龙寡。
青溪白石不相望，堂上远甚苍梧野。
冻壁霜华交隐起，芳根中断香心死。
浪乘画舸忆蟾蜍，月娥未必婵娟子。
楚管蛮弦愁一概，空城罢舞腰支在。
当时欢向掌中销，桃叶桃根双姊妹。
破鬟倭堕凌朝寒，白玉燕钗黄金蝉。
风车雨马不持去，蜡烛啼红怨天曙。

到了冬天，女主角已经确定失去了伴侣。白昼日短，太阳从东边升起来，很快从西边落下去。雌凤、女龙都指女主角。她孤身一人，无人相伴。

青溪出自《青溪小姑》：“开门白水，侧近桥梁。小姑所居，独处无郎。”青溪女神住在青溪庙。庙门正对着清澈的流水，旁边有一座桥梁。青溪女神是一位少女神，没有夫君与之相配。生活虽然自由，难免孤寂。

白石出自《白石郎曲》：“白石郎，临江居。前导江伯后从鱼。积石如玉，列松如翠。郎艳独绝，世无其二。”白石郎是住在江边的水神。他出行之时，前有水神江伯引导，后面跟随者一群游鱼。他如同玉石堆叠而成，又像苍松直立。他的姿色绝艳，世上再无第二位可与他比较。

青溪、白石都出自南朝乐府曲。此处喻女主角和她思念的男子。青溪小姑和白石郎，虽然都住在水边，却不能相望。他们之间的距离，好像比苍梧野还要遥远。

芳根沿用《燕台四首·秋》之意，即红桂之根，指女主角。天气非常寒冷了。冷冻的墙壁上，霜花交织隐现。红桂的根断了，悄然死去了。女子也如红桂一般，心力枯竭，心灰意冷。

浪，即空。蟾蜍喻嫦娥。乘着画舸回忆嫦娥，却是一场空。那嫦娥，未必还是原来的模样。此句乃女子以嫦娥自喻。她病容憔悴，已不复往日美丽。

管，指笙箫。弦，指琴瑟。不论是楚地的笙箫，还是南蛮之地的琴瑟，音乐都同样使人忧愁。这里已经很久没有人跳舞了，只剩下女子跳过舞的细腰。

掌中，指能作掌中舞的赵飞燕。桃叶桃根双姊妹，指王献之的妾以及她的妹妹。当时的欢乐已经消失，不复存在。如同赵飞燕、桃叶桃根一样的美女们翩翩起舞，那样的场景已经无法再现了。

女子发髻蓬乱，容颜不整，随意地在发间插着白玉燕钗和黄金蝉，独自坐在寒冷的晨光中。她如此憔悴，想必满怀心事，很久没有安稳地休息过了。

她看着窗外的风雨，希望风变成车、雨变作马，带她去见心上人，却没能实现。蜡烛流下红泪，在愁怨中度过整夜，直到天明。

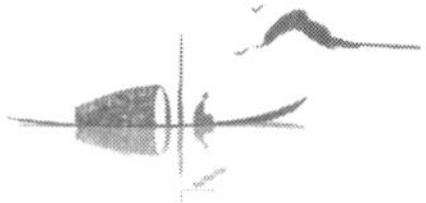

再见怅然·锦鳞绣羽有伤残

花房与蜜脾，蜂雄蛱蝶雌。
同时不同类，那复更相思。
本是丁香树，春条结始生。
玉作弹棋局，中心亦不平。
嘉瓜引蔓长，碧玉冰寒浆。
东陵虽五色，不忍值牙香。
柳枝井上蟠，莲叶浦中干。
锦鳞与绣羽，水陆有伤残。
画屏绣步障，物物自成双。
如何湖上望，只是见鸳鸯。

——《柳枝五首》

一年后，他得到柳枝嫁给东诸侯的消息。那是一个寒冷的冬日，长安城的街巷覆盖了一层薄薄的雪。让山兄到来的时候，李商隐瞧着窗外发呆。让山兄假装无意中提起了此事。假装无意，实则有意。他看见李商隐还保存着柳枝的衣带，心有不忍，劝他放下心结。

李商隐心中一阵酸楚。他明白柳枝对自己用情至深，东诸侯绝非柳枝的心上人。

一年之前的春日，他与柳枝在洛阳城郊外踏青。柳枝随风起舞，衣袂飘飘，得东诸侯青睐。东诸侯派使者来找寻跳舞的柳枝，要纳她为妾。当时，柳枝以《陌上桑》拒绝了东诸侯的要求。面对使者的奚落，柳枝自信地说，虽然目前李商隐还是一介布衣，但一定会考上功名，来迎娶我的。

往事历历在目，佳人却已远去。李商隐本是多愁善感之人。与柳枝的这段感情，是他主动放弃的。他的内心不仅有遗憾，还充满了愧疚和伤感。

来年春天，他去郊外散步。“诗家清景在新春，绿柳才黄半未匀。”浅草初现，柳芽微黄，春意萌动，大地回暖。正是早春最美的样子。身临此境，读书人都会感受到诗意盎然。

清新的春色里，几位书生模样的少年站在绿柳下，正在吟诵跟柳相关的诗。李商隐饶有兴致，停下来听了片刻。

“昔我往矣，杨柳依依；今我来思，雨雪霏霏。行道迟迟，载渴载饥。我心伤悲，莫知我哀！”《诗经·采薇》

中，戍边老兵归来，百感交集。他离开家乡的时候，正是柳丝低拂的春日。回来的时候，却是雨雪凄迷的冬天。多年未见亲友，再见已是须发皆白。

“闺中少妇不知愁，春日凝妆上翠楼。忽见陌头杨柳色，悔教夫婿觅封侯。”王昌龄《闺怨》中，杨柳仿佛闺中少妇的百转柔肠。女子盛装打扮，欢欢喜喜登楼赏春，不知何为忧愁。见到远处田野上翠绿的柳树，却忽然感受到了满目春光无人同赏的孤寂。她后悔了，不该让丈夫去远方征战，谋求功名。

听到这里，李商隐心头一动。那位登楼寻春，愁上心头的女子，多么像柳枝。他所见过最天真可爱、不知忧愁的女子，就是柳枝了。她已经嫁给了东诸侯，不用忍受两地相思之苦，不必“悔教夫婿觅封侯”。柳枝同样在忍受相思之苦。只不过，柳枝思念的那个人，并非她所嫁之人，而是她的心上人啊。

“章台柳，章台柳，昔日青青今在否？纵使长条似旧垂，也应攀折他人手。”这是韩翃的《章台柳》，也是最令李商隐动容的一首。

韩翃年少之时，曾经暂居在富人李生家。李生爱才，款待韩翃，资助他考试，视他为知己。宴席之上，韩翃作诗弹琴。李生的姬妾柳氏对韩翃心生爱慕。李生知晓后，将她送与韩翃。韩翃娶了柳氏，夫妻恩爱，考中了进士。

不久，安史之乱爆发，韩翃在外做官，柳氏为了躲避战乱出了家，后又成为番将的妾室。时局稳定后，韩翃装了一袋沙金寻找柳氏，在袋子上题了此诗。柳氏见诗，潸然泪下，写了一首《答韩翃》：“杨柳枝，芳菲节，可恨年年赠离别。一夜随风忽报秋，纵使君来岂堪折？”离别后还能重逢，也算是上天的眷顾了。

韩翃与柳氏的故事，自然而然让李商隐想起曾经与他相恋，如今嫁作他人妇的柳枝。书生们还在背诵先贤所作的“柳”诗。李商隐默默地沿着河岸向前走去，吟出了一首《柳》。

江南江北雪初消，漠漠轻黄惹嫩条。
灞岸已攀行客手，楚宫先骋舞姬腰。
清明带雨临官道，晚日含风拂野桥。
如线如丝正牵恨，王孙归路一何遥。

那个下雪的日子，让山兄带来了柳枝嫁人的消息。春雪初融，柳枝上冒出鹅黄色的嫩芽。虽然灞水畔的柳条已经被路人攀折，官道和野桥边依然可以见到它们含风带雨的身影。就好像已经嫁人的柳枝姑娘，依然萦绕在李商隐心头，挥之不去。

因为这丝丝缕缕的牵挂，他又去了洛阳。

让山兄说："柳枝曾经托人打听过你的消息。我每次都说你过得很好，请她放心。"

李商隐问："你可曾问过她的消息？"

让山兄答："我也问过她的状况。她只回答了四个字，'知音难觅'。那东诸侯，虽然喜欢柳枝的跳舞和琴音，但他只是附庸风雅之人，并非真正的才子。况且，以东诸侯的身份，免不了朝三暮四，妻妾成群。柳枝如今享受着荣华富贵，却未必有跟你在一起的时候开心。"

李商隐默然。他走到柳枝家的巷道口。南墙下的杨柳抽出了柔嫩的细条。那一丛牡丹尚未开花，却也生长得茂盛。一切都好像原来的样子。只不过，再也听不到柳枝优美的琴声。

落寞无聊之下，他漫无目的地散步洛阳城。路过河岸的一排排烟柳，又走向城郊，走上山坡的草地。到了春天，那几株古柳又重新萌发了生机。一年之前，就在这片草地上，柳枝临风起舞。她的舞姿让李商隐惊叹，也吸引了东诸侯的目光。往事涌上心头，李商隐既喜又悲，百感交集。

静静回忆之时，身后飘来了一阵熟悉的乐曲。那乐声荡气回肠，如同山呼海啸。李商隐明白，那是柳枝的琴音。

他转过身来，在人群中急切地找寻。不远处，不知哪家显贵正在举办舞筵，一派热闹的场景。七八名少女齐齐舞动，裙袂纷飞。那位席地而坐的琴师，正是柳枝。虽然离得很远，他还是能够感觉到，柳枝的脸上洋溢着幸福的神情。陶醉于音乐之中的柳枝，喜悦而满足。

那一刻，李商隐有些释然了。东诸侯未必多么懂得柳枝，算不上她的知己。但是东诸侯给予了柳枝富足的生活，让她能够不为俗世烦忧，全然醉心于喜爱的音乐之中。若是跟李商隐成婚，柳枝将会经历许多的奔波和坎坷。从这一点来说，她嫁给东诸侯，是幸福的。

一曲完毕，一阵风起。柳枝揉了揉眼睛，看着巨大的古柳。柳树下，他们曾经有过许多欢愉。柳枝的眼神复杂，好像饱含着绵绵的爱意，又在瞬间失落而怅然。

李商隐极少见到柳枝如此落寞的神情。他心疼不已，默默离开了。他与柳枝之间，已经没有可能在一起。如何能够让柳枝真正放下这段伤情的往事呢?

他和柳枝的感情，不及他与宋华阳刻骨铭心，也比不上他和妻子王氏相濡以沫、相敬如宾。但是，柳枝极具艺术天赋，与李商隐志趣相投，带给了他前所未有的灵魂触动。此后漫长的岁月里，柳枝的积极、天真、热情，就像春天里和煦温暖的阳光，照亮李商隐走完挫折的人生之路。

回到让山兄家，李商隐写下了《柳枝五首》。

花房与蜜脾，蜂雄蛱蝶雌。
同时不同类，那复更相思。
本是丁香树，春条结始生。
玉作弹棋局，中心亦不平。
嘉瓜引蔓长，碧玉冰寒浆。
东陵虽五色，不忍值牙香。
柳枝井上蟠，莲叶浦中干。
锦鳞与绣羽，水陆有伤残。
画屏绣步障，物物自成双。
如何湖上望，只是见鸳鸯。

花房是花苞，蜜脾是花蕊。在阳光明媚的春天，一只雄性蜜蜂和一只雌性蝴蝶都朝着盛放的鲜花飞来。这个比拟的方法，很容易让人想到《燕台四首》里面，那只娇小的蜜蜂，飞来飞去，在冶叶倡条之间寻找它的心上人。一想起柳枝姑娘，他就会感受到春天的气息。

雄蜂与雌蝶，在同样的时间造访了同一朵鲜花。它们有共同的志趣，有相似的性情，这是多么难得的缘分。然而，它们并不是同类，也不能再继续相思了。这句诗写得非常真挚。初次与柳枝姑娘道别，李商隐以友人带走行李为借口。这一次，他写明了真正的原因。柳枝家是富商，她母亲认为李商隐家贫。李商隐的母亲也认为，儿子应该迎娶高门贵戚之女。

柳枝本是正值妙龄的少女，仿佛丁香树初次结出了花苞，散发出淡淡清香。玉石制作的弹棋局，乃精雕细琢而成，中间也是不平整的。就像柳枝姑娘，虽然嫁给东诸侯，有享不尽的荣华富贵，也是意难平。

井上的柳枝、水泽中的荷叶都会枯萎。水中的鱼儿，天上的飞鸟也都会受到伤害。世间美好之物难以长存，正如男女之间纯粹的情感。对此，诗人是无可奈何，又充满遗憾的。他只希望柳枝爱惜自己，让明媚的笑容长留世间。

写《柳枝五首》的时候，李商隐还特意写下了序。这是李商隐唯一有序，且言及本事的爱情诗。原因之一，大概是柳枝明朗的性情让人感觉轻松。被柳枝的快乐感染，在回忆这段旧情的时候，李商隐虽然伤感，也忍不住面带微笑。原因之二，大概因为在这段感情当中，柳枝对他的喜欢极深，远远胜过他对柳枝的喜欢。这让他真正的体会了被爱的幸福。

李商隐把《柳枝五首并序》交给让山兄，托他转给柳枝。希望她明白，两人分开并非感情不和，而是家庭环境不同，不得已作出的选择。他对柳枝的喜欢是真实的，对她的祝福是真诚的。

送出《柳枝五首并序》，李商隐对这段感情真正地道别，许久不再提起柳枝。二十年后，年过不惑的李商隐经历了仕途失意、妻子离世，独自走在乐游原上。万物凋零的秋天，光秃秃的柳条尤为凄清。李商隐最后一次想起柳枝，写了《柳》。

曾逐东风拂舞筵，乐游春苑断肠天。
如何肯到清秋日，已带斜阳又带蝉。

断肠天，指令人沉醉的春天。昔日春天，乐游原繁华的舞筵上，柳枝随着东风轻轻拂动，宛若女子起舞，风流无限。青春易逝，繁华难追。谁能想到，秋天的杨柳，只剩下斜阳残照，寒蝉哀鸣之景。

这首哀婉的小诗，弦外之音明显。唱叹之间，李商隐追忆古柳下起舞的那位明媚少女，也是追忆自己曾经的梦想与青春。

第四章 琴瑟和鸣

自古以来，爱情就不是决定婚配的唯一标准。有唐一代，沿袭了南北朝以来重视门第的风气，士大夫多娶高门贵女，以提升自身阶层，求得仕途顺达。达官贵族也愿意将女儿嫁给士大夫，延续家族的荣耀。考上进士的李商隐，就这样与出身官宦家庭的妻子组成了家庭。这段婚姻，虽然以利益开端，却情深义重，恩爱一生。

芳心暗许·倾城消息隔重帘

月姊曾逢下彩蟾，倾城消息隔重帘。
已闻佩响知腰细，更辨弦声觉指纤。
暮雨自归山悄悄，秋河不动夜厌厌。
王昌且在墙东住，未必金堂得免嫌。

——《水天闲话旧事》

在唐代，进士及第，只是取得了做官的资格。如果要做官，还需要参加吏部的考试，称为选试。考中进士为“登第”，授官为“登科”。

孟郊曾作《登科后》：“昔日龌龊不足夸，今朝放荡思无涯。春风得意马蹄疾，一日看尽长安花。”一旦登科授官，便春风得意，走上崭新的人生旅途。既然前程似锦，从前的狼狈和困顿都忘掉吧。

李商隐考中进士以后，在长安城等待吏部的选试。此次考试的科目是“博学鸿词”。他本就擅长，又用心准备了考试内容，可算是胸有成竹。

这段愉快的时间里，新科进士们忙着参加各种聚会。按照惯例，这些聚会，多数在曲江之畔的园林举行。

曲江园林，位于今天西安的曲江村。曲江原本曲折多姿。隋时，皇室在此涤挖拓展，修建园林。唐代，又扩建亭台楼阁、广植花草树木，成为长安城的盛景。

这里春景宜人，许多游人前来踏青郊游、举办宴会。新科进士的曲江游宴，是最吸引人的项目。新科进士放榜后，进士第者齐聚曲江之畔，先赴探花宴，再去雁塔题名。曲江之畔，水天一色，繁花似锦。年轻的才子们饮酒作诗，消解十年寒窗的苦闷，只待大展宏图。

曲江园林不仅是游宴之处，还是上等的相亲地点。公卿贵族，但凡家有未嫁的女儿，都喜欢在新科进士里面择婿。王定保在《唐摭言》写道：“曲江之宴，行市罗列，长安几于半空。公卿家率以其日拣选东床，车马填塞，莫可殚述。”

公卿贵族挑选进士做女婿，实在是一件双赢的事情。初入官场的士子可以仰仗有势力的岳父，以求官运亨通。公卿贵族也可以选择优秀的人才，为家族注入新的生命力，以保兴盛不衰。

在这种纯粹功利的婚姻里面，爱情是最无可有可无的点缀。又或者说，在整个古代社会，自由恋爱都是罕见的。因为罕见，才被文人们大书特书，广为流传。实际上，青年男女在公开场合社交，都不是那么容易。

哪个男子不钟情，哪个少女不怀春。怀春的少女，为寻找恋人费尽心思。如果抓住了机会，就有可能抓住了一生的幸福。

宋代，以“红杏枝头春意闹”闻名于世的“红杏尚书”宋祁，就有过这样一桩风流韵事。宋祁回府，遇上皇家车队。避让之时，听车内有女子叫了一声：“小宋。”宋祁抬头一看，宫女轻放车帘，回首一笑。

宋祁心绪难平，写下《鹧鸪天》：“画毂雕鞍狭路逢，一声肠断绣帘中。身无彩凤双飞翼，心有灵犀一点通。金作屋，玉为笼，车如流水马如龙。刘郎已恨蓬山远，更隔蓬山一万重。”皇帝得知此事，找出了那名宫女，将她赐给了宋祁，成就一段佳话。

宋祁《鹧鸪天》化用了李商隐的诗句，可见他也是一位多情人。多情细腻如李商隐，自然不会将婚姻全然捆绑在利益之上。他对情感的需求度极大。在他的生命里，爱情是最能牵动人心，最不可或缺的部分。

姑娘们也不只是被动等待挑选，而是在处处寻觅自己的心上人。

为了观察男子，姑娘们发明了“瞧郎扇”。少女外出，时常手持团扇挡住面颊，仿佛支起了一片面纱，可以放心打量男子，而不担心被人凝视。《太平广记》中，曾记录玉蕊院女仙赏花的故事。仙女从天而降，白角扇障面，来到长安城的唐昌观观赏玉蕊花。

若是家中来了贵客，姑娘们多数躲在屏风后面，悄悄观察。毕竟，除了家世地位，才华和长相也容易让人动心。

李清照未嫁之时，就曾经在屏风后面偷看过未来的夫婿，写下《点绛唇》，尽显少女的娇憨纯情：“蹴罢秋千，起来慵整纤纤手。露浓花瘦，薄汗轻衣透。见客入来，袜刬金钗溜。和羞走，倚门回首，却把青梅嗅。”

李商隐随大流，被邀请出入了一些聚会宴席。他仪表堂堂、玉树临风，又是小有才名的新科进士，自然能得到贵族少女的青睐。隔着屏风，他能感受到，少女们热切的眼神。但是，他的心里充满了犹豫和忐忑。

这些女子都是高门贵女。若是与她们中的一位结婚，必然能够得到仕途的助力，实现阶层的提升。然而，他对那些姑娘的性情脾气一无所知，终究心里不踏实。

李商隐曾经历过两次没有结果的恋爱，留下了许多遗憾。宋华阳和柳枝都是他真心喜欢的女子。他们的感情没有出现问题，却由于现实的原因而分开。如今，他要寻找相伴一生的伴侣，需要更加谨慎。

几次赴宴都犹豫不决，李商隐不免苦恼。既想通过婚姻得到仕途的帮助，又想拥有志趣相投、美丽贤淑的娇妻，也许自己有点贪心了。同期的考生里，跟李商隐关系最好的，有一位姓韩的公子，名叫韩瞻。韩公子考中进士以后，迅速娶了泾原节度使王茂元的六女儿。

李商隐把他些许的烦恼，用戏谑的口吻写进了《寄恼韩同年二首》，送给了友人韩公子。

籍籍征西万户侯，新缘贵婿起朱楼。
一名我漫居先甲，千骑君翻在上头。

云路招邀回彩凤，天河迢递笑牵牛。
南朝禁脔无人近，瘦尽琼枝咏四愁。

这位王家的六女儿，不但家世好，而且容貌美丽、性情和顺，跟韩公子相处得很是愉快。这样的好事，让李商隐很是羡慕。

禁脔，原指东晋之初，皇帝专享、禁止他人沾染的猪项上肉。李商隐写的这两首诗，将韩公子比作禁脔，指他已经是王家的贵婿，不容别的女子打主意，颇有调侃的意味，亦有羡慕的意思。

对于李商隐的玩笑话，韩公子浑不在意。他经常在李商隐面前夸赞自己的妻子。韩公子的妻子在家中排行第六，一母同胞的小妹尚未出阁。小妹长相漂亮，甜美娴静，还喜欢吟诗作赋。更难得的是，娇养大的小妹性情淡泊，不慕名利，只慕才华。

韩公子的话让李商隐分外动心，随他去参加了王家的宴席。宴席之上，李商隐落落大方，主宾谈笑风生。那屏风质地轻薄，清晰地映照出一个窈窕纤瘦的身影。不用说，那便是韩公子多次提起的王七妹。多年以后，李商隐回忆这段难忘的往事，依然心动不已，写下了《水天闲话旧事》。

月姊曾逢下彩蟾，倾城消息隔重帘。
已闻佩响知腰细，更辨弦声觉指纤。
暮雨自归山悄悄，秋河不动夜厌厌。
王昌且在墙东住，未必金堂得免嫌。

那位美丽的女子，犹如月亮里的嫦娥降临凡间。她美得倾国倾城，可惜隔着重帘，不能清楚地瞧见。听着环佩玎珰，可以猜想到她腰肢纤细。听着她弹奏的悠扬弦音，能感觉到她玉指纤纤。

自从心中对她有了牵挂，诗人夜不能寐，无聊地看着银河挂在天空，一动不动。

王昌指风流倜傥的男子。金堂指住在郁金堂中的卢家莫愁，指美女。诗人住在了女子附近，郎才女貌的两个人，恐怕免不了会发生故事吧？

这位著名的才子李商隐，王七妹之前就听六姐说过。据说，他博学儒雅，文采胜过了韩公子。王七妹静静地站在屏风外面，听李商隐与他人交谈。只觉他学识渊博，谈吐得体，很想知道他长得什么样子。

她不再满足于透过屏风，欣赏那个潇洒的轮廓，她想一睹真容。于是，她悄悄地探出来，匆匆地看了李商隐一眼。那个清秀的白衣书生，也恰巧转过头看向这边。四目交汇，产生了异样的感觉。她羞怯地一笑，连忙离开了屏风，走进了内室。

见面之后，李商隐又写了一首题为《寄恼韩同年二首》的诗，交给韩公子。韩公子心知肚明，李商隐说是写给他，实际上是想让王七妹知晓。

帘外辛夷定已开，开时莫放艳阳回。

年华若到经风雨，便是胡僧话劫灰。

龙山晴雪凤楼霞，洞里迷人有几家。

我为伤春心自醉，不劳君劝石榴花。

辛夷花在春天开放，迎着灿烂的阳光，常用来比喻美好的事物。劫灰，指世界走向终尽，历经劫难的余灰，表示时间的尽头。劫灰出自干宝《搜神记》。据说，汉武帝凿昆明池，挖出了灰墨。众人不知是何物，问东方朔。东方朔建议问西域人。后汉明帝时，西域道人来到洛阳。有人问起灰墨之事。道人回答："天地大劫将尽，则劫烧。此劫烧之余也。"

李商隐将春初的辛夷花与世界劫余的灰烬作比较，劝说韩公子珍惜新婚的美好时光。

龙山、凤楼比喻仙人居住的地方，此处指泾原节度使王茂元的府邸。洞里迷人有几家，指府中迷人的姑娘不止一位。除了已经嫁给韩公子的六小姐，还有七小姐待字闺中。石榴花指石榴酿成的美酒。韩公子已经迎娶了娇妻，李商隐还为婚姻发愁，只能喝石榴酒解忧。

李商隐已经完完全全地被王七妹迷住了。他想先参加吏部的选试，授官之后，就去王家提亲。看上去，一切都很圆满。

佳偶天成·辜负香衾事早朝

为有云屏无限娇，凤城寒尽怕春宵。

无端嫁得金龟婿，辜负香衾事早朝。

——《为有》

李商隐认真备考，参加了吏部的选试。他感觉自己发挥得不错，文章写出了应有的水平。按说，通过考试是没有问题的。没想到，成绩出来以后，让人大吃一惊。他不但落败了，还被人指指点点。

据说，李商隐的文章受到了阅卷官员的认可。吏部呈报给上级的官职名单里，也有他的名字。按照以往的惯例，吏部呈报给中书省之后，中书省都直接批准了。没想到这次，有位中书省的官员竟然划掉了李商隐的名字，还说了一句："此人不堪！"

就这样，李商隐被不明不白地断送了前程。一时之间，流言蜚语缠身。个中缘由，他不知道向谁去询问。当然，也没有问的必要。那位不知名的官员，身居高位，自有对他评判的权力。

没有了官职，进士的身份便没有用武之地。正当此时，李商隐收到了王茂元的邀请，让他重新担任幕职。他考虑了不多久，就应允下来，决定动身前往泾原。

李商隐作出这一决定的原因，大致有两个。直接的原因是，他曾经在长安拜访过王茂元，与他交谈愉快，知道他是爱才惜才之人。当下，李商隐没有更好的选择。还有一个深层次的原因，恐怕只有韩公子知道。自从李商隐在王茂元家，见过屏风后面那位娇俏的小姑娘，便心心念念，难以忘怀。

刚到泾原，李商隐很快安顿下来。熟悉环境的一段时间，他接手的事务还不多，有时间四处转转。他的心情，并没有从选试失败中好转起来。在暮春的雨帘中，他见到了一丛即将残败的牡丹花。这一丛牡丹，让他想起了京城的繁华，更让他生出了同病相怜之意。于是，在避雨的亭子里，他吟出了《回中牡丹为雨所败二首》。

下苑他年未可追，西州今日忽相期。
水亭暮雨寒犹在，罗荐春香暖不知。

舞蝶殷勤收落蕊，有人惆怅卧遥帷。

章台街里芳菲伴，且问宫腰损几枝？

浪笑榴花不及春，先期零落更愁人。

玉盘迸泪伤心数，锦瑟惊弦破梦频。

万里重阴非旧圃，一年生意属流尘。

前溪舞罢君回顾，并觉今朝粉态新。

回中，是泾原的一个小地名。当然，相对于京城而言，泾原也只是一个并不出名的小地名。它位于遥远的北方，是李商隐从未到过的地方，是一片陌生而略微荒凉的土地。从京城到泾原，从即将授官的进士到节度使的幕职，之前所见的繁华，只不过是一场过眼云烟。

下苑，指曲江园林，是他们新科进士庆祝饮宴之地。西州，即遥远偏僻的泾原。李商隐提醒自己，高中进士之后，在下苑曲江游宴、春风得意的那一番热闹景象已经不复存在了，不必再去回忆。他没有想到，身处遥远的西州，竟然见到了盛开于京城的牡丹花。

黄昏的时候，诗人独自站在临水的亭子里。雨已经停歇了，但是寒气没有消退。罗荐，指用绫罗制作的垫子。在京城的牡丹，自有罗荐来遮风挡雨，护住花香。它们一定不知道，泾原的牡丹花，飞在风雨中忍受着寒冷。

风吹雨打，落花满地。只有飞舞的蝴蝶还怜惜着落花，忙着收集零落的花蕊。有人卧在遥远的帷帐里，忍受着孤独寂寞，惆怅而不得安睡。

章台街是汉代长安城的街道，此处指种满柳树的繁华街道。长安城里，那些与牡丹做伴的柳树，正是春风得意的时候。它们忙碌得纤腰折损，哪里还想得起偏僻之地的牡丹呢？就像跟李商隐一起考中进士，又通过选试授官的那些人，跟他已经是两种命运了啊。

榴花不及春的典故，出自《旧唐书》。孔绍安在隋朝末年担任监察御史，曾在李渊所在的地方任监军。唐初，李渊即位以后，孔绍安前来投奔，被任命为正五品上阶的中书舍人。夏侯端的路径与孔绍安一样，先在隋末任监察御史，在李渊那里任监军，后投奔李渊。只因为投奔李渊比孔绍安早，就被任命为从三品的秘书监。

在一次宴会上，孔绍安作咏石榴诗："只为时来晚，开花不及春。"字面意思，是感慨石榴花夏季开放。虽然明媚娇艳，却错过了春光。实际上，是感慨自己的能力不逊于夏侯端，只因为归顺唐朝的时间晚一些，就没有那么受到器重。

李商隐却说，不必嘲笑石榴花不及春。牡丹花虽然开在春天，却在风雨中早早凋零，比石榴花更让人忧愁。诗人这句话说与牡丹花听，更是说与自己听。李商隐早慧、擅诗文，是有名的才子，却在科举途中屡屡受挫。好不容易考上了进士，却又没有通过吏部选试。这样的人生经历，比大器晚成者更让人忧郁烦闷。

玉盘，指白牡丹硕大的花朵。雨水溅到白牡丹花瓣上，仿佛泪珠溅落到白玉盘，让人分外伤心。雨水滴落，仿佛锦瑟弹奏之音。忽然弦破，让人从梦中惊醒，戚戚然不得安眠。

重阴，指天空中阴云密布。生意，指生机。愁云万里笼罩下，白牡丹生长的地方远离了故土。经过一年生长，孕育了一些生机，却遭遇了雨打风吹，化为泥泞尘埃。诗人见到白牡丹，回忆起寒窗苦读、选试失败的经历，怜惜远离故土到泾原谋生的自己。

前溪，指浙江前溪村，是南朝歌舞教习之所。前溪舞罢，形容花瓣飘落凋谢。当牡丹花全部凋谢之后，再想起今天的花朵，就会觉得雨中白牡丹还算鲜艳。诗人悲观地觉得，以后会遇到更多的困难，说不定到那时候，处境还不如今天呢。

虽然情绪低落，李商隐依然坚持了认真做事的习惯，很快投入到了繁忙的工作之中。事实上，他这一生，少有机会从事自己喜爱的工作。作为一个敏感的诗人，一个永远不曾退去书生气的赤诚男儿，他不会处理复杂的人际关系，没能掌握跟利益相关的运行规则。但他是责任心很强的人，每一件经手的事情，他都会努力做到极致。

就凭着这股子认真的劲头，他很快受到了王茂元的赏识。王茂元虽是武将，骨子里却有文人气质。他自己不会写文章，却能甄别文章的优劣。作为节度使，需要有人把他在地方的业绩有效地汇报给朝廷。他发现，虽然同样是使用骈文，李商隐撰写的呈给朝廷的奏表，条理明晰、言辞流畅，比其他人空有辞采的文章水平高了不少。

欣赏李商隐的，还有王茂元的小女儿，王七妹。七妹虽然生性羞怯，毕竟是心思单纯的少女，喜怒哀乐都写在脸上。这一日，王家举办宴会，邀请了几名关系密切的幕僚的家眷一同参加，李商隐也在邀请之列。宴会热闹非凡，免不了行酒令。每次轮到王七妹，她说出来的都是李商隐的诗。少女的心思，就这样看似娇羞，实则坦荡地展示在了众人面前。

李商隐聪明又敏感，又有过感情经历，自然明白了王七妹的心意。在远离家乡和京城的泾原，有一位纯情少女，记住了他那么多的诗句。这份仰慕，让他十分感激。更何况，这位少女容貌美丽、性情单纯、家境优越，原本就是他梦寐以求的心上人。

李商隐感谢了王七妹的欣赏，将新写的《回中牡丹为雨所败二首》送给了她。少女惊诧于诗人的文采，也读出了诗句里的失落和无奈。她用温柔的言语、温暖的笑容去安慰他，让他放下心里的戒备。又平静地陪伴他、倾听他，让他诉说心中的烦恼与忧虑。

虽然王七妹年纪不大，话也不多，李商隐却感受到了一种安宁的力量。感情，就在默默地陪伴中迅速滋长。少女的一颦一笑，都深深印刻进了李商隐的心里。他用简单却饱含深情的笔触，记录下了那段美好的光阴。

照梁初有情，出水旧知名。
裙衩芙蓉小，钗茸翡翠轻。
锦长书郑重，眉细恨分明。
莫近弹棋局，中心最不平。

照梁，形容女子光彩照人，出自《神女赋》："其始来也，耀乎若白日初出照屋梁；其少进也，皎若明月舒其光。"出水，形容女子清纯可人，出自《洛神赋》："远而望之，皎若太阳升朝霞；迫而察之，灼若芙蕖出渌波。"将王七妹比作神女和洛神两位仙姝，可见在李商隐眼中，她拥有世所罕见的美貌。

女子衣裙上绣着小小的芙蓉，毛茸茸的发钗上坠着轻盈的翡翠。她的衣饰娟秀可爱，并没有繁复华丽，看得出是一位稚气未脱的妙龄少女。虽然相隔不远，少女也时常写信让他保重身体。因为牵挂着诗人，她紧紧皱起了纤细的眉头。

她写信劝慰诗人，把心态放平，不要去想那些令人不愉快的事情。就好像不要靠近弹棋棋盘的中心，那里微微隆起，总是不平。

小女儿与李商隐两情相悦，王茂元既知晓也支持。小女儿是他的掌上明珠，又是适婚的年纪。女儿看上的人，他不会反对。他本是爱才之人，对李商隐的才华大为认可。这桩婚事，就这样毫无波折地定下来了。

婚后，李商隐度过了一段短暂而幸福的光阴。他与妻子一见钟情，继而情投意合，有说不完的知心话，仿佛前世注定的知己。他在岳父的手下担任幕职，虽然没能一展抱负，也算处处受人礼遇。他与韩公子由同年好友变成了连襟，也成了一生信赖的亲人。这一切，看上去皆大欢喜，几近完美。唯一的不满意，也浸透着甜蜜。

为有云屏无限娇，凤城寒尽怕春宵。

无端嫁得金龟婿，辜负香衾事早朝。

这首诗名《为有》，简单而直白，却有强烈的感染力。云母屏风后面的女子无限娇美。虽然寒冷的冬天已经过去，她依然害怕春宵苦短。这是什么原因呢？原来，她嫁的是一位金龟婿。这位繁忙的金龟婿，必须一大早就起床上朝，留下女子独守空房，辜负了两情相悦的缱绻缠绵。

这首诗里，女子虽有埋怨的意思，更多的，却是撒娇般的嗔怪之语。因为，在新婚之时，李商隐虽然忙于幕职，每天晚上都可以与妻子相见。他们的别离，是非常短暂的。相较于未来长时间的两地分居，这段甜蜜的光阴尤为可贵。

不忍离别 · 青女素娥喻佳人

寒气先侵玉女扉，清光旋透省郎闱。
梅花大庾岭头发，柳絮章台街里飞。
欲舞定随曹植马，有情应湿谢庄衣。
龙山万里无多远，留待行人二月归。

旋扑珠帘过粉墙，轻于柳絮重于霜。
已随江令夸琼树，又入卢家妒玉堂。
侵夜可能争桂魄，忍寒应欲试梅妆。
关河冻合东西路，肠断斑骓送陆郎。

——《对雪二首》

接下来的时间，李商隐回到京城，通过了吏部的选试，被委任为秘书省校书郎。他兢兢业业履职，顺带博览群书，沉浸于经史典籍。没过多久，又被吏部调到了弘农县担任县尉。

在弘农县尉任上，李商隐体会到了基层民众的苦楚，对平民百姓表现出了很大的同情。对于判了重刑的犯人，他会仔细地再次核查。有个被误判的死刑犯，就在他复核的时候被减了刑。这本是对生命的尊重，李商隐却得罪了上级孙简。

这件事，在《新唐书》中称为“活狱事件”：“调弘农尉，以活狱忤观察使孙简，将罢去，会姚合代简，谕使还官。”李商隐以请假为名，辞去了弘农县尉的官职。

接下来，李商隐开始了奔波的旅程，辗转供职于各地节度使幕府之中，都没能实现自己的志向，平添了蹉跎岁月的遗憾。他生性单纯，只知道踏实做事，浑然不觉陷入了暗潮汹涌的派系争斗中。

这时，出现了一个宝贵的机会。武宁军节度使卢宏正，请李商隐去做他的幕府判官。判官，在幕府中的职务比较高，算是对李商隐的重用。不仅如此，卢宏正还奏请朝廷，为李商隐申请了侍御的正式职务。这是李商隐自入仕以来，所担任的最高品级了。

这个机会突然出现，是有特殊原因的。武宁军驻地在徐州。那里的兵将悍勇，刚刚发生了兵变，驱逐了治下不善的主帅。朝廷将卢宏正调往武宁军担任节度使平乱。卢宏正新到徐州，正值用人之际，看中了李商隐的人品和能力，就向他发出了邀请。

李商隐十分珍惜这个机会，受聘之后，立即动身前往徐州。

李商隐准备启程的时候，正逢大雪飘飘的天气。寒风凛冽，鹅毛大雪透过了门窗的缝隙，飘进了屋内。七妹掀开帘子，隔着门窗向外看，外面雪色凄冷，天寒地冻，行人稀少。她不禁为丈夫的行程担忧。

外面实在太冷了，李商隐让七妹回到屋里取暖，七妹乖乖应承着。不多久，李商隐回顾之时，却见七妹再次掀开了布帘，冒雪走进了寒风里，一脚深一脚浅地踏在雪地上，歪歪斜斜地向他走来。

雪花落在在七妹纤细的眉毛和浓密的头发上，落在她冻得红通通的鼻头上。七妹张嘴说着什么，李商隐听不清，只见她口中呵出了一团团白汽。七妹跌跌撞撞朝李商隐走过来，打开怀中的包裹，拿出一件大氅，披在李商隐身上。

大氅的料子很珍贵，是七妹的嫁妆。七妹是幺女，在王家娇养着长大的，本不擅女红。李商隐见过她笨拙地制作这件衣服，只当她是为了打发时间玩儿。没想到，她竟然赶在自己离家之前做好了。

李商隐本就生得清秀白净，文雅得体。穿上大氅，平添了几分富贵之气，显得器宇轩昂。七妹打量了一会儿丈夫，像在欣赏一件艺术品，从心底赞叹道："夫君真好看啊！"

李商隐心中温暖又感动，为沉浸在爱意中的姑娘拂去额上的雪花，叮嘱她快回去。她点点头，听话地回去了。

不一会儿，七妹又追了上来。她有些愧疚地说："你瞧我多笨啊，差点忘了给你带夏天的衣裳。这一趟出去，还说不准什么时候才能回来呢。"说罢，为他送来了夏天穿的绢衣。

李商隐的眼眶湿润了。他将七妹拥抱在怀中，亲了亲她冰凉的面颊。七妹原本是富裕人家的娇小姐，却要跟着他受离别之苦。没错，她真的是一个笨姑娘。

就这样，送了停，停了又送，几次三番告别。李商隐虽然与七妹难舍难分，也知道送君千里终须一别的道理，让七妹回家。

他看着妻子担忧的眼神，心中很是不舍。往日里，他心情不好，总是七妹耐心安慰。今日离别，他得搜寻一些宽慰的话语。李商隐的话虽不多，却生性浪漫，又极具想象力。那漫天飘飞的雪花，虽然带来了寒冷，却极为美丽。在朦胧的雪花中，他写下了《对雪二首》。

寒气先侵玉女扉，清光旋透省郎闱。

梅花大庾岭头发，柳絮章台街里飞。

欲舞定随曹植马，有情应湿谢庄衣。

龙山万里无多远，留待行人二月归。

旋扑珠帘过粉墙，轻于柳絮重于霜。

已随江令夸琼树，又入卢家妒玉堂。

侵夜可能争桂魄，忍寒应欲试梅妆。

关河冻合东西路，肠断斑骓送陆郎。

你看，它们多像大庾岭上初开的梅花，又像章台街上纷飞的柳絮。大庾岭的梅花，章台街的柳絮，都是典型的春景。这一番巧妙的比喻，仿佛雪花也变得温暖了。

诗人的想象，增添了雪花的温度，让雪花有了灵性。精灵一般的雪花，在空中翩翩起舞，应该也是有情有义的吧？曹植曾写过《白马篇》，谢庄曾写过《瑞雪咏》。雪花纷纷，飞向曹植的白马，让白马的颜色愈显洁白。雪花打湿了谢庄的衣衫，是想让诗人为它们赋诗吧。

最后一句的宽慰，最为直接，也最为温柔。龙山虽然相隔万里，实际上也没有多远。等到早春二月，我就会回来啦。

这首诗的意境很美，难得蕴含着积极的情绪。见李商隐以诗相慰，七妹破涕为笑，终于挥手道别。看着七妹的身影越来越远，李商隐心中又涌出了酸楚之情。

雪地路滑，马车行驶得缓慢。李商隐看到道路旁的房舍，不免想到家中的妻子。那些比柳絮稍轻巧，又比霜略重的雪花，随风飘过了墙壁，落进了别人家中。诗人遥想到自己家中的庭院。空旷的院落里，也似这般落满了雪吧。

雪花牵动着他的思念，将他的思绪带回到分别的那一刻。大雪冰封，已经看不出道路去向哪里。七妹送他出来的时候，多么的依依不舍。他的离开，一定让七妹伤心断了肠。

到了徐州，武宁军节度使卢宏正遵守承诺，对李商隐礼遇有加。但刚刚平息了兵变，还需要很长的时间治理乱局。作为卢宏正信任的人，李商隐的事务缠身，昼夜忙碌，几乎没有时间外出欣赏风景。

忙碌的时候，时间过得特别快。转眼间，到了深秋。在卢宏正的用心治理下，武宁军混乱的局面大为改观。公务没有那么繁忙了，李商隐也能够挤出一些时间游览附近的景点。

这一次，他在傍晚时分登上了高楼。秋夜的天空明亮而纯粹，他站在高楼上欣赏明月。月亮仿佛结了冰霜，又仿佛触手可及。静谧的夜晚，楼上虽然寒冷，却远离尘世的喧嚣。月色皎洁，幽静冷清，唤起了他的诗情，令他写下了《霜月》。

初闻征雁已无蝉，百尺楼高水接天。

青女素娥俱耐冷，月中霜里斗婵娟。

征雁即大雁，随着时令迁徙于南北，因而被称作征雁。初次听到大雁的叫声，蝉鸣已经消失了，说明时间到了深秋。深秋的夜晚，独自登上百尺高楼远眺。只见月华澄明，如流水自天际倾泻。

青女，是传说中主管霜雪的女神，出自《淮南子·天文训》："青女乃出，以降霜雪。"素娥，指月宫中的嫦娥。耐，是相宜、相称的意思。青女、嫦娥两位女神，自身非常适合冷清的环境，所以在凝结了霜雪的月亮之中，争相展示她们冰清玉洁的动人容颜。

青女、嫦娥都是绝色而冷艳的女神。她们两人之中，谁更美呢？诗人在句中没有给出答案。但是，在他心中，答案是确凿的。这两位女神，都不及他的妻子七妹美丽。他在深秋登楼，独赏月色，正是因为思念七妹难以入眠啊。

秋天最宜赏月，赏月的地点不只在高楼。难眠的夜晚，李商隐有独自外出散步的习惯。有时漫步到桥上，有时徘徊于池边。此时的月亮，是与他相伴的唯一亲人和知己。继《霜月》之后，他又写下《秋月》。

池上与桥边，难忘复可怜。

帘开最明夜，簟卷已凉天。

流处水花急，吐时云叶鲜。

姮娥无粉黛，只是逞婵娟。

在池塘上，在桥边，水中明月的倒影越看越可爱。掀开帘子，明亮的夜色倾泻而来。深秋的季节，天气已经很凉快了，夏天使用的竹席可以卷起来了。月光的照耀下，湍急的水花晶莹而明亮。月亮从云朵里吐露出来，周围的云朵仿佛镀上一层银光，看上去更加鲜妍了。

姮娥，指天上的明月。秋月清丽至极，仿佛无与伦比的嫦娥仙子，虽然未施粉黛，足以展现美好的风姿。在诗人心中，那未施粉黛的嫦娥，正是天生丽质、素雅美丽的妻子啊。

远离家乡、在外做官的时候，李商隐的诗中多次出现“青女”“素娥”。

当年与七妹初相识，李商隐送给她的第一首诗，就以“照梁初有情，出水旧知名”开端，将她比作洛神与巫山神女，而他自己则是足够幸运的凡人，邂逅了下凡的世外仙姝。如今，李商隐与七妹两地分离，难得见面，就觉得她距离自己更加遥远了，仿佛冰清玉洁、与世隔绝、从未下凡的青女和嫦娥。

青女与素娥多次在李商隐的诗中出现。天气寒冷的秋冬时节，她们总会在不经意间浮上李商隐的心头。这两位生活在冷清世界中的仙女，不只意味着超凡脱俗，有时还意味着绝情与薄凉。十一月，在路过扶风郡的时候，李商隐见到了早梅，写出了《十一月中旬至扶风界见梅花》。

匝路亭亭艳，非时裛裛香。
素娥惟与月，青女不饶霜。
赠远虚盈手，伤离适断肠。
为谁成早秀，不待作年芳。

匝路，即环绕着路边。裛裛香，指香气浓郁。非时，指梅花开得不是时候。梅花一般在初春开放，诗人见到的梅花，却开于十一月中旬，实在太早了。这一丛环绕着路边，亭亭玉立、香气馥郁又美艳无比的梅花，生不逢时，开得太早了。

针对早梅生不逢时的处境，嫦娥有心帮它，却只能送给它一些清冷的月光。青女不仅没有帮助，还毫不怜惜它，在它的枝头降下了寒冷的霜雪。这两句的意思，纪昀解读得非常精准："爱之者虚而无益，妒之者实而有损。"

赠远，出自《荆州记》陆凯折梅寄远的典故。陆凯率兵南征，度梅岭时想起远方好友范晔，正好遇见北去的驿使，于是折梅赋诗赠友人。随梅花寄去的，还有《赠范晔诗》：“折花逢驿使，寄与陇头人。江南无所有，聊赠一枝春。”

诗人想效仿陆凯折梅寄远，折了满满一把梅花，却不知该寄往何方。没有应时而开的梅花，只有徒增离别的伤情。

“为谁成早秀，不待作年芳”是为梅花慨叹，更是为自己叹息。开在十一月中旬的梅花，过早地释放了它的香气，显露了它的芳华。如同早慧的诗人，小小年纪便颇有才名。考上进士之后，成了泾原节度使王茂元的女婿，夫妻和睦融洽。这个开端，看起来很美好。

没想到，婚姻并没有给他带来实质性的帮助，反而他陷入了牛李党争的两难境地。

他曾经任职于令狐楚的节度使幕府，受过他的教导和资助。令狐楚属于牛僧孺党。后来，他成为王茂元的女婿，王茂元属于李德裕党。此后，他时常受到排挤，一直在牛李两党的夹缝中生存。实际上，这位没有手段、毫无心计的诗人，只不过是牛李党争的无辜牺牲品。

即便因为婚姻影响了仕途，他与妻子的感情依然和美如初。他只是遗憾，一身才华不得施展，就这样蹉跎了年华。如同没有等到春天，就过早开放的梅花。

两地相思·只有空床敌素秋

远书归梦两悠悠，只有空床敌素秋。

阶下青苔与红树，雨中寥落月中愁。

——《端居》

在通信不发达的古代，没有电话，也没有网络，分隔两地的夫妻不能即时通信，只能通过书信来获知对方的状况，倾诉相思和牵挂。对于深情的人而言，用书信遥寄思念，也是浪漫的事。

木心先生在《从前慢》中，就对古代的慢生活表示了羡慕："记得早先少年时，大家诚诚恳恳，说一句，是一句。清早上火车站，长街黑暗无行人，卖豆浆的小店冒着热气。从前的日色变得慢，车、马、邮件都慢，一生只够爱一个人。从前的锁也好看，钥匙精美有样子，你锁了，人家就懂了。"平缓的感情，少了许多冲突和变数，更能够细水长流。

写信虽然浪漫有诗意。但很久收不到书信，免不了让人着急。李商隐已经很久没有收到家中的来信了，在梦中也没有出现回家的情形。虽说没有消息就是好消息，家人应该都平安无事。但是，对家人的思念无从寄托，让他怅然若失、无所适从。

百无聊赖之际，他写下了《端居》。

远书归梦两悠悠，只有空床敌素秋。
阶下青苔与红树，雨中寥落月中愁。

远书，即远方的书信，主要指家中来信。归梦，指回家的梦。悠悠，有时间绵长之意。素秋，即秋天。按照古代五行五色的说法，秋天五行属金，其色白，可称作素秋。敌，有抵挡的意思。在幽冷凄清的秋天，诗人很久没有家里的消息了。他的寂寞无从纾解，只有独卧空床，来抵挡孑然一身的凄凉感受。

青苔喜欢阴凉的环境。因为秋凉雨多，台阶下青苔生长得茂盛，又疏于整理，让庭院显得萧条而斑驳。庭院中有几株树，虽然还没有开始落叶，树叶已随着时令转红了。这两种颜色各异、对比强烈的植物，在雨中展现出了寥落的情态。在月色里看见它们，更能够勾起诗人的乡愁。

古代人出行的困难，是今人难以想象的。没有先进的交通工具，远行之人免不了车马劳顿。路上耗时长一些，身体疲乏一些，都是可以忍受的。对于需要远行的官员、客商或学子，出门在外，最重要的就是平安。那时候，人烟稀少、通信不便，远行之人路遇劫匪盗贼、山林猛兽等意外情况时有发生。最无法预知的，是天气的变化。

李商隐随郑亚远赴桂林，因江水上涨，不便行船，暂时在荆州停留了十来天。天气难测，时间却不待人。风浪还没有完全平息，他们又从荆州重新出发。

一夜南风刮得凶猛，诗人乘坐的一叶小舟在浪尖颠簸，时时刻刻都处于危险中。满船人吓得大呼小叫，叫喊着家人的名字。人们在遇见危险的时候，第一个想到的，大多是最亲近的人。李商隐虽没有大声呼喊，也在心里默念着妻儿的名字，回忆着离别的场景。这一去，该不会是永别吧！

等到风浪稍微平息，他回望荆门，看见了夏日累积的厚厚云层，依然觉得心情压抑，吟出了《荆门西下》。

一夕南风一叶危，荆门回望夏云时。
人生岂得轻离别，天意何曾忌险巇。
骨肉书题安绝徼，蕙兰蹊径失佳期。
洞庭湖阔蛟龙恶，却羡杨朱泣路岐。

险巇，指崎岖艰难。人生岂能轻视离别，说不准哪一次离别就是永别呢。老天也不曾顾忌人世间的崎岖艰难，给人们设置了重重障碍啊。小船遇到风浪，可以说是天意。但诗人远离家园到偏僻的远方任职，却是因为世道不公。诗人慨叹天意难测，也是在感慨世道艰险。

绝徼，指遥远的边疆。亲人非常体贴，给李商隐写信来，让他安心在边疆供职。但诗人却很遗憾，即将错过家园小径上蕙兰的花期，也要错过与家人团聚的美好时光了。

杨朱泣歧，出自《荀子》："杨朱哭衢途曰：'此夫过举蹞步而觉跌千里者夫！'哀哭之。"《淮南子·说林训》也曾提到："阳子见逵路而哭之，为其可以南，可以北。"杨朱是战国时期，杨朱学派的创始人。衢途、逵路，都指四通八达的大道。

大道可南可北，哪里都可以去，给了人们许多选择。徘徊于人生的岔道口，一旦走错，就会失之毫厘差之千里，让人悔之晚矣。因为害怕一失足而成千古恨，杨朱在犹豫迷茫之际，痛哭涕零。

诗人身处风波骇浪之中，想到前面宽阔的洞庭湖里还有凶恶的蛟龙，却不得不前行。他反而羡慕徘徊于大道路口，犹豫而痛哭的杨朱了。李商隐本是留恋家庭温暖的人，并非潇洒的浪子。如果他有更好的选择，岂会远离亲人，半生流离呢。

秋愁惨淡，风波险浪，给人带来深刻的忧虑和愁绪。对于漂泊在外的孤独者，一场春雨足以带来无边的愁绪。正是初春的天气，外面下着雨。傍晚时分，李商隐穿着便服白衫，惆怅地躺卧着。

妻子不在身边，独自一人也不能辜负了大好春光吧。想到此处，他决定出去走走。没有目的地，他撑着伞，走在陌生的街巷。雨势不小，路上的行人稀少。李商隐随意走入一间首饰铺，看着琳琅满目的饰品，想到了妻子娇美的脸庞。他细细挑选，为妻子买了一双玉珰，又走入雨中。

道路两旁的民宅，都大门紧闭着。隔着细密的雨帘，万物都变得朦胧起来。眼前的红楼格外熟悉。恍然间，他仿佛回到了当年泾原的时光，站在节度使王茂元的府邸门外，等待着七妹从屋内走出来。

不知道他在雨中站了多久，天色愈发昏暗了。街上的灯笼渐渐亮了。灯光飘过来，照亮了雨线，仿佛空中悬挂着晶莹明丽的珠帘。他如梦初醒，七妹不在此处，在此地等不到七妹。怀着失落的心情撑伞离开，一首《春雨》浮上心头。

怅卧新春白袷衣，白门寥落意多违。

红楼隔雨相望冷，珠箔飘灯独自归。

远路应悲春晼晚，残宵犹得梦依稀。

玉珰缄札何由达，万里云罗一雁飞。

诗人生性浪漫，李商隐理想中的生活，本是红袖添香、朝夕相伴。成婚以后，他为了生活奔波，两人聚少离多。回忆起与七妹独处的浪漫时光，印象最深刻的，是婚前约会的短暂光阴。

那时候，李商隐初到泾原，还在为吏部选试的落败而失落。每次拜访王茂元家，他最想见到的就是七妹。王茂元赏识李商隐，也明白这对年轻人的心意，总会在吃完饭后，让七妹送送李商隐。七妹便会愉快地应承下来，带着李商隐四处转转。

李商隐虽然有过恋爱经历，但与宋华阳、柳枝相恋，都是偷偷进行的。跟七妹在一起，得到了她父亲的允许，让李商隐踏实又安心。七妹熟悉泾原，带他走在大街小巷，为他介绍泾原的风土人情。有时候，看出李商隐心情不太好，她便什么也不说，默默地陪伴左右，用崇拜仰慕的眼神凝视着他，听他诉说心中的不快。

他们的感情进展得非常顺利。没多久，就定下了婚事。从此，王茂元允许七妹单独出来见李商隐。正是雨水时节。清晨，李商隐撑着一把伞，早早等在王家府邸的门口。等待的时光是漫长的，也是幸福的。他满怀期待，看着那扇白门缓缓开启，走出一个娇小的身影。精心打扮过的七妹，带着温柔恬静的少女气息，轻盈地走到他的伞下。

雨水落在伞上，好像沙沙的琵琶声。两人紧紧依偎在伞下。这是他们第一次离得那么近，都有些不好意思，一直没有说话。还是七妹打破了沉默。她见李商隐的肩膀被雨水淋湿了，低低地说道："不要只顾着我，你把伞移过去些吧。"李商隐没有同意。他认真地对七妹许诺，要永远像这样，陪伴着她、守护着她。

生活岂能尽如人意。在红尘里挣扎的普通人，总会身不由己。婚后，远离家人在外谋生，让他饱尝了漂泊孤独之苦。但他明白，对比在家养育孩子、操持家务的妻子，他受的这点苦，也算不了什么。

每次动身回家之前，他都会好好计划一番，希望抽出时间单独陪伴妻子，让她舒心快乐。但匆匆回家一趟，总要忙于走亲访友。后来，更多的精力放在了养育孩子、解决家庭琐事上。陪伴好她、照顾好她，这句朴素的承诺，就这样成了一句空话。

远方的妻子，正在忙着什么呢？那边也许没有下雨，太阳已经落山了吧。希望在夜间残缺不全的梦境里，能依稀见到妻子的倩影。他把新买的这双玉珰和《春雨》一起，寄给了相隔万里的妻子。

月色、雨水、风波容易激发人的幽怨思念之情。晴天丽日之下，心情会畅快许多。在艳阳天里，李商隐思念妻子，写出一首简洁明快的小诗《东南》。

东南一望日中乌，欲逐羲和去得无。

且向秦楼棠树下，每朝先觅照罗敷。

日中乌，源自日中有三足乌的神话。羲和，是传说中为日驾车的神仙。此处，日中乌和羲和都代指太阳。诗人希望随着太阳轨迹，从东南方升起，一路追随向西。如果他变为太阳照耀大地，一定首先将光辉洒向妻子。与妻子相会，就是他最高兴、最重要的事情啊。

这首小诗里，诗人化用了《陌上桑》的故事，将妻子比作形神兼美的秦罗敷："日出东南隅，照我秦氏楼。秦氏有好女，自名为罗敷。罗敷喜蚕桑，采桑城南隅。"

他巧妙地将桑树变成了棠树，因为唐棣能带来秾丽鲜妍的美感，更因为棠树象征两地相思。《论语》里曾记录这样的句子："唐棣之华，偏其反而。岂不尔思，室是远而。"唐棣开花摇曳多姿，我岂会不想念你呢？我并非不想念你，只可惜我们离得太远啦。

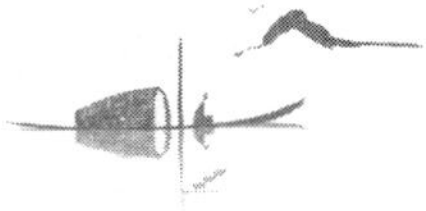

阴阳相隔·君问归期未有期

君问归期未有期，巴山夜雨涨秋池。
何当共剪西窗烛，却话巴山夜雨时。

——《夜雨寄北》

李商隐的诗中，“雨”出现得很频繁。他所经历的最漫长的雨季，应该是在巴蜀之地。那时候，他在东川节度使柳仲郢的幕府中供职。

巴蜀之地，雨水极多。有时候，绵绵雨水始于夏末，到了冬天才渐渐缓和下来，漫长的雨天会跨越三个季节。即便在下雨相对稀少的年份，雨水也会浸泡整个秋天。

同样是雨，秋雨与夏雨大为不同。夏天的雨，往往以惊雷和闪电开场，由狂风裹挟而来，彰显着喧嚣和澎湃。秋雨的迅猛不亚于夏天的雨，却能带给人祥和与安宁。没有雷、电、风，唯有千万条雨线前仆后继、垂直落下，好似洗尽铅华的歌女，面对寥寥听众娓娓道来。

独居之人夜晚孤寂，容易多思。巴蜀地往往在夜间下雨，平添了许多愁绪。这种数十天连绵不绝、总在夜间哀诉衷肠的雨，外地人很不容易适应，常常感觉到阴郁凄凉。窗外雨声如瀑，不知是多少个雨夜了。他难以入眠，拿了书卷读，又写了一会儿文章，只觉得千言万语无人倾诉，索性提笔写诗。一气呵成，写下了《夜雨寄北》。

君问归期未有期，巴山夜雨涨秋池。

何当共剪西窗烛，却话巴山夜雨时。

世人谈论李商隐的诗歌风格，总评价他用典多、象征多，因而扑朔迷离、艰深晦涩。但这小首诗明白晓畅，通俗易懂，与李商隐一贯的风格大为不同。就是这样一首朴素简单的小诗，却成了脍炙人口的千古佳作。

一些版本里，此诗题为《夜雨寄内》，人说这首诗是李商隐写给妻子的。另一些版本中，此诗题为《夜雨寄北》，有人说是寄给友人的。若说寄给友人，这份友情也真挚感人。但从感情亲密深切的程度来看，这首诗更大的可能性是写给妻子的。

你问我什么时候会回来，我还说不准。巴蜀之地夜夜秋雨，涨满了池塘。不知道什么时候才能再次见到你，和你一起西窗剪烛，叙说巴山夜雨的情形呢。这几句话像唠叨，像叮咛，就是平凡的拉家常。

这首拉家常的小诗，有一种奇怪的力量，让人朗朗上口，读过几遍就可以背诵。短短四句诗，出现了两次“巴山夜雨”。这种回环往复的结构，极具音律美，让人过目难忘。

它还有一种更奇怪的力量，给人不明缘由的感动，甚至热泪盈眶。相敬如宾，却又相濡以沫。没有了热恋时期的惊天动地，这份亲近感却已深入骨髓。普通夫妻的家庭生活就是这样的啊。

每次回到长安，与家人短暂相聚，妻子总是忙前忙后，片刻也不能停歇。她怕丈夫在外太过辛劳，亲手为他准备补养身体的食物。她知道丈夫难得回一趟家，会有朋友上门叙旧，就提前准备好时兴的菜肴瓜果。一双儿女，也总是围绕在她身边，跟着她的脚步，淘气地跑前跑后。

到了傍晚，客人们散了。夫妻俩抱着一双儿女，陪孩子戏耍，教孩子认字读诗。等到孩子们困了乏了，睡了觉，已经是深夜了。这才到了独属于他们的时间。

两人依窗而坐，在烛光下漫无目的地聊着。话题不知由何而起，也不知由何而终。时间过得太快，烛光闪闪烁烁，渐渐微弱了。妻子拿着剪刀，小心地剪掉燃尽的灯花，烛光又明亮起来。这个场景，温暖含蓄，蕴藏着无限的情意。

成婚愈久，李商隐愈发感觉到，他和妻子的性情、志趣乃至格局都非常契合。李商隐虽身在仕途，却是实实在在的理想主义者，不擅权术手段。妻子虽出身好，却也不慕名利，温柔不张扬。两人互相理解、互相帮衬，不仅是夫妻，也是亲密的知己。“西窗剪烛”打动了后世许多人，成为了亲友之间相聚叙谈的邀约用语。

秋雨虽然凄清，这首小诗却并不悲切，在思念中存有希冀。诗人聆听着寂寥的秋雨，想象着与妻子重逢，在西窗下，一边剪烛一边谈心。他未曾知晓，这样促膝谈心的机会已然不多。他与妻子不再是两地相思，而是阴阳相隔。

供职远方，事务繁多。李商隐夙兴夜寐，片刻不得空闲。因为太过忙碌，他有一段时间没有跟七妹通信了。只想着，等处理好眼前琐碎的事情，就可以与家人团聚了。

这一日，正在忙碌的李商隐收到了家中来信。他以为是七妹的书信，没想到，是弟弟羲叟来信。因为各自成家立业，事务繁忙，兄弟俩已经许久没有通信了。难道家中发生了什么大事？不知为什么，李商隐感到了一丝不安。

他拆开信，一瞬间，只觉天旋地转。信中记录的，是七妹去世的消息。他没有号啕大哭，不知不觉中，泣不成声。

如同失了魂一般，他木然地告假，木然地出发，不知道自己是怎样一路奔波，回到家中的。

七妹的后事，羲叟已经准备妥当。羲叟瞧见他煞白憔悴的面容，让他多多休养着，保重好身体。李商隐点头应承下来，却默默守在七妹的棺木旁。他没能见到妻子最后一面，只想陪伴着她走完最后一程。

妻子离去，吊唁的人散去，一切仿佛又恢复到了原来的样子。然而，李商隐知道，他的生活已经被彻底改变，再也回不去了。七妹弹过的锦瑟，用过的枕头，睡过的凉席，无一不在提醒着他，女主人已经永远离开了。

看着尚未懂事的孩子，李商隐格外心酸，提笔写下了第一首悼念亡妻的诗，《房中曲》。

蔷薇泣幽素，翠带花钱小。
娇郎痴若云，抱日西帘晓。
枕是龙宫石，割得秋波色。
玉簟失柔肤，但见蒙罗碧。
忆得前年春，未语含悲辛。
归来已不见，锦瑟长于人。
今日涧底松，明日山头檗。
愁到天池翻，相看不相识。

蔷薇花开，是幽冷素静的颜色，花瓣上凝结着露珠，像伤心的眼泪。青翠的叶片上，点缀着小小的花朵，尤其惹人怜爱。写出这两句诗的时候，李商隐想起了初识七妹时，赠她的诗："照梁初有情，出水旧知名。裙衩芙蓉小，钗茸翡翠轻。"那时候，她还是天真的少女。后来，她百般操劳，病容憔悴。但是，她留给李商隐的印象，永远是纯真可爱的小女子。

日头高照，房间卷起了帘子，儿子还在痴痴酣睡。孩子太小了，还不知道母亲去世意味着什么，不懂得伤悲。如此娇小的孩子，就没有了母亲的照顾，长大后也回忆不起跟母亲相处的细节，多么可怜啊。

李商隐呆坐在床上，回想着七妹低语含笑之时，乌黑灵动的双眼。他望向七妹平日里使用的枕头。镶嵌了宝石的枕头泛着微光，仿佛取得了七妹眼眸中的光彩。凉席之上，再也看不见七妹柔美的身体，只覆盖了翠绿的被子。

他努力回忆最后一次与七妹告别的情形。那时候，七妹欲言又止。如今想来，她的语气甚为悲切。也许那时候，她就已经感觉到身体的不适，自知余日无多了吧。想到这里，诗人心中涌起一阵自责的情绪。他当日没能发现端倪，没有陪妻子走完最后一程，真的后悔莫及。

一别之后，再也没能见到妻子的身影。她弹过的锦瑟还孤零零地放在家里，物品的存在比人还久。失去了妻子的陪伴，诗人也失去了对未来的希望。他悲观地预料自己的前景，今日还是卑微潦倒的涧底松，明日将成为苦涩的山头黄檗。

何时才能消解妻子亡故的哀愁呢？大约要等到天翻地覆、沧海桑田的时候吧。倘若真有那一天，夫妻俩再次相逢，也有可能认不出彼此了。这一句尤为悲切。据说，苏轼正是受此句启发，在《江城子》中写出了“纵使相逢应不识，尘满面，鬓如霜”。

《房中曲》是一个哀伤的开端。从此，李商隐失去了人生至爱，写下了许多悼亡诗。

七夕佳节，是情人相会的日子，李商隐格外怀念妻子。

鸾扇斜分凤幄开，星桥横过鹊飞回。

争将世上无期别，换得年年一度来。

遥望着深邃的夜空，他仿佛看见银河之上，喜鹊正在忙着搭桥，方便牛郎织女相会。过去，李商隐与妻子聚少离多，曾以牛郎织女自况，抒发无奈的情绪。如今，他的妻子再无归来之日。他多么羡慕牛郎和织女有相见的机会，哪怕每年只有一天。

《辛未七夕》中，他不理解牛郎织女为何一年一会，发出神仙喜好别离的感慨。李商隐与妻子伉俪情深。在他心中，夫妻永远相伴才是莫大的幸福，胜过做神仙。

恐是仙家好别离，故教迢递作佳期。
由来碧落银河畔，可要金风玉露时。
清漏渐移相望久，微云未接过来迟。
岂能无意酬乌鹊，惟与蜘蛛乞巧丝。

恐怕神仙就喜欢别离吧，才让人们也跟着久久期待佳期。织女就住在银河之畔，何必等到秋天风起、白露凝结之时，才相会呢。计时的滴漏响声清晰。时间过了许久，薄薄的云彩还迟迟没有涌现。难道仙人们不着急吗？

七夕佳节，诗人独自欣赏着夜空美景，用调侃的语气对天上的神仙发出疑问。这首诗的语气看似平淡轻松，实则蕴含着难以排解的隐痛和悲愤。

亲友们知道李商隐夫妻情深，害怕他悲伤过度损害了身体。韩瞻既是他的连襟，又是多年老友，与他的情谊更是不同。这日，韩瞻和大舅哥一起，约他前去小酌，想办法为他纾解愁绪。他虽然答应了，却在夜里陷入忧思，加之腹痛的旧疾发作，彻夜难眠。无奈之下，只好拒绝了两位亲人的好意，以《王十二兄与畏之员外相访见招小饮，予以悼亡日近不去因寄》为题，作诗为谢。

谢傅门庭旧末行，今朝歌管属檀郎。
更无人处帘垂地，欲拂尘时簟竟床。
嵇氏幼男犹可悯，左家娇女岂能忘。
秋霖腹疾俱难遣，万里西风夜正长。

迫于生计，李商隐不能在家赋闲太久。办理完妻子的后事，把一双儿女寄养在亲戚家，李商隐又独自启程去东川了。

出发的时候，已经入冬。他潦草地收拾好行囊，回望了一眼冷清的房屋，关闭了大门，走入寒风之中。这些年来，他奔波不定，尝尽了羁旅之苦。每次离开家园，都有妻子为他准备好衣裳和干粮，千叮咛万嘱咐，然后微笑着默默看他上路。有妻子在，他无论走多远，都有心的归属。

行至大散关，路遇大雪。凛冽的寒风中，同行之人纷纷打开行囊，添加衣裳。李商隐身体羸弱，尤其怕冷，却忘了带厚衣服。他看着自己淡薄的行囊，无奈地苦笑。想起从前离家之时，妻子冒雪追出来，跌跌撞撞地为他披上大氅。仿心之余，他吟成了《悼伤后赴东蜀辟至散关遇雪》。

剑外从军远，无家与寄衣。
散关三尺雪，回梦旧鸳机。

剑，指剑阁。剑外，即蜀中。诗人去往节度使幕府供职，算是从军。东川距离长安很远，此去路途遥遥。风雪笼罩下，蜀道格外艰难。此刻，他最需要的，是一件温暖的厚衣服。若在以前，妻子一定为他准备足了抵御风寒的衣物。如今大雪封山，他只能望着窗外的积雪，在梦里回忆妻子制衣的旧鸳机。

全诗最动人的句子，是“无家与寄衣”。妻子去世了，再也没有人惦记他冷不冷、饿不饿。没有人给他寄衣服，因为他已经没有家了。

故园流连·不觉犹歌起夜来

密锁重关掩绿苔，廊深阁迥此徘徊。
先知风起月含晕，尚自露寒花未开。
蝙拂帘旌终展转，鼠翻窗网小惊猜。
背灯独共余香语，不觉犹歌起夜来。

——《正月崇让宅》

较之长安的家，洛阳的崇让宅留给李商隐的印象更为深刻。那是岳父王茂元在洛阳崇让坊的邸宅，曾经人丁兴旺、热闹繁华，留下过亲友相聚的欢笑。李商隐生来重情，非常依赖亲友之间的感情。幸运的是，不仅妻子温柔贤惠，她的家人也很随和。李商隐与他们相处融洽，很快融入了这个大家庭。

岳父王茂元宠爱小女儿，将李商隐视作亲生儿子。连襟韩瞻是他一同考上进士的好友，彼此志趣相投，感情深厚。

在崇让宅生活的那段时间，七妹正值桃李年华，是健康快乐的少女。大家庭自然散发的温暖，对于年少丧父、半生漂泊的李商隐，尤为珍贵。那些宝贵的回忆，吸引李商隐一次次回到崇让宅。

宴会之上，亲友相聚。热闹的人群散去以后，李商隐独自走到池塘边。秋寒露重，月光洒在池塘上，水边修竹茂密，显得幽冷而悲伤。也许是饮酒的缘故，诗人情难自抑，将失去妻子的痛楚、仕途不畅的失落、半生漂泊的无奈尽情宣泄于笔端，写下了《七月二十九日崇让宅宴作》。

露如微霰下前池，月过回塘万竹悲。
浮世本来多聚散，红蕖何事亦离披？
悠扬归梦惟灯见，濩落生涯独酒知。
岂到白头长知尔，嵩阳松雪有心期。

尘世间聚散本无常，池中的红莲也花瓣四散、飘忽不定。孤独寂寞无从寄托，只有一盏灯、一杯酒懂得他的心事。

妻子去世七年之后，李商隐再次回到崇让宅。那是在正月间，家家户户过年团聚。整条街巷里，最冷清的就是崇让宅。亲人四散零落，昔日热闹温暖的宅院已经萧条荒芜，几乎沦落为一座废宅。眼前的情形，让他感到凄凉无比。诗人作《正月崇让宅》，记录下了今昔对比。

密锁重关掩绿苔，廊深阁迥此徘徊。
先知风起月含晕，尚自露寒花未开。
蝙拂帘旌终展转，鼠翻窗网小惊猜。
背灯独共余香语，不觉犹歌起夜来。

崇让宅已经无人居住了。重门深锁，石阶上长满了青苔。空荡荡的廊阁显得尤为深邃，只有诗人在此久久徘徊。月亮生了晕，因为即将刮风了。天气还很寒冷，花没有开。花与月都不甚明朗，一派凄清的景象。

荒废的宅子容易滋生野物。他在崇让宅过夜，总能听到老鼠蝙蝠之类的动物发出声响，辗转难眠。这些小动物究竟是真的存在于身边，还是诗人耳中的幻觉呢，谁也说不清。

凄清悲凉之中，诗人忽然感到了些许温馨。一缕幽香朦胧，似乎是妻子的味道。耳畔还隐约响起妻子的歌声，她好像从前一样，哼唱着小曲《起夜来》。温馨的幻象，更显现实的孤苦。

他将崇让宅的一草一木都视作亲人。对着庭院里一株普通的紫薇树，他也饱含深情。在秋日暮雨中，他欣赏着秾艳盛放、轻盈烂漫的紫薇花，写下了《临发崇让宅紫薇》。

一树浓姿独看来，秋庭暮雨类轻埃。
不先摇落应为有，已欲别离休更开。
桃绶含情依露井，柳绵相忆隔章台。
天涯地角同荣谢，岂要移根上苑栽。

在他的眼中，这一株孤独的紫薇树，与上苑的紫薇同开同谢，它们同样美丽，价值并没有高低之分呀。

诗人发出这样的感叹，是因为紫薇花有特殊的寓意。唐玄宗时期，中书省改为紫微省，中书令改为紫微令。大概因为读音相同，紫微省中种植了不少紫薇花，紫微省因而又名“紫薇省”。

白居易写过《直中书省》：“丝纶阁下文章静，钟鼓楼中刻漏长。独坐黄昏谁是伴，紫薇花对紫薇郎。”白居易夜间在中书省值守，觉得寂寞无聊，时间过得太慢，只有紫薇花与他相伴。此诗流传广泛。后来，紫薇花，成为了代表权力地位的“官样花”。

李商隐看着崇让宅中的紫薇花，如同看见仕途不顺的自己。暗自神伤之时，妻子总会勉励他，有才华的人，在哪里都可以实现自己的价值。妻子去世以后，李商隐也像这样安慰自己，甚至安慰崇让宅中的紫薇花。

崇让宅有两座亭子，分别是西亭和东亭。李商隐与妻子的房间靠近西亭。这边风景独好。亭边有一湾池塘。塘里种了许多荷花，岸边有几丛翠竹。李商隐和妻子常常在池边散步。夜深人静之时，他们携手同行，沐浴着朦胧的月色，欣赏池水的微澜和荡漾的月影。

没有了妻子的陪伴，再美的景色也无心欣赏。李商隐站在西亭池边，看着枯败的荷叶，只觉夜寒侵骨，写下《夜冷》。

树绕池宽月影多，村砧坞笛隔风萝。
西亭翠被余香薄，一夜将愁向败荷。

西亭是赏月的绝佳之地。诗人孤枕难眠，坐在亭中，遥看圆月高悬于天空。天上月正圆，地上的人却再也不能团圆。孑然一身，唯有疏帘相伴。梧桐叶翻飞，更显冷寂。万籁俱寂，池上悄然飞过一只鹤。它也是因为没有伴侣，所以不能安眠吧。诗人心生怜悯，写下了《西亭》。

此夜西亭月正圆，疏帘相伴宿风烟。
梧桐莫更翻清露，孤鹤从来不得眠。

崇让宅的花草树木，亭台楼阁，都能让他想起与妻子有关的点点滴滴。孤鹤让诗人同病相怜，成群结队的鹅让他心生艳羡。

傍晚，他走出崇让宅，来到河边。残阳照在曲折的水岸线上，一群鹅映入诗人的眼帘。它们或眠于江边沙滩上，或安卧在水上，自由自在，无比悠闲。雌鹅与雄鹅互相依偎，难解难分。他也感受过这样的幸福，那时候，妻子还在身边。羡慕之余，无边的怅惘重上心头。因为这份艳羡与怅惘，李商隐写下《题鹅》。

眠沙卧水自成群，曲岸残阳极浦云。

那解将心怜孔翠，羁雌长共故雄分。

李商隐的诗里，动物出现得不算多。即便出现诗中，也总是带有神话的色彩，比如鸾鸟，比如凤凰。思念妻子之时，他却多次记录下了普通的禽鸟。

夜宿晋昌亭的时候，他遇见一只离群的孤鸟。鸟儿惊慌失措，飞翔于曲渚南塘，却没能寻找到同类。夜闻惊禽扑翅，又听羌笛幽怨、胡马嘶鸣。李商隐仿佛见到了孤苦无依的自己，写下了《宿晋昌亭闻惊禽》。

羁绪鳏鳏夜景侵，高窗不掩见惊禽。
飞来曲渚烟方合，过尽南塘树更深。
胡马嘶和榆塞笛，楚猿吟杂橘村砧。
失群挂木知何限，远隔天涯共此心。

与妻子共同生活过的崇让宅，让李商隐处处留恋。昭国李家虽然不是他们的故宅，也是他们一同暂居的地方。重游昭国李家的时候，妻子已经去世多年。旧时风物，依然勾起了诗人的感伤之情。

潘岳无妻客为愁，新人来坐旧妆楼。
春风犹自疑联句，雪絮相和飞不休。
长亭岁尽雪如波，此去秦关路几多。
惟有梦中相近分，卧来无睡欲如何。

潘岳即东晋潘安，才情很高，也是中国古代最有名的美男子。他十二岁与妻子相识，两人青梅竹马、感情深厚。中年丧妻之后，潘岳悲痛不已，作《悼亡诗》三首。三首诗以时间为序，记录了亡妻之后的起居和感受。随着时间流逝，潘岳睹物思人，对妻子的思念越发强烈，从忧思难忘到荡气回肠，富有感染力。

潘岳的《悼亡诗》三首成为了悼亡类诗歌的典范。因此，悼亡诗专指悼念亡妻的诗。李商隐推崇潘岳的悼亡诗，曾评价：“只有安仁能作诔，何曾宋玉解招魂。”

这三首诗感人至深，诗人本身也是痴情之人。潘岳才貌双全，极受女子欢迎，曾有“掷果盈车”的典故。据说，因为他容貌极为出众，每次驾车上街，都有许多人围观。连老妇人都为他痴狂，将水果扔满他的车子。这样受欢迎的美男，在妻子去世后，竟然没有再娶，可谓至情至性。

李商隐与妻子感情甚笃。妻子去世以后，他心灰意冷，陷入了无限的哀愁。这种哀愁没有逐渐淡化，反而随时间越来越浓烈。跟潘岳一样，李商隐在妻子去世后，没有续弦的念头。有人给他介绍歌姬美人，都被他婉拒了。

妻子去世之后，李商隐时常寄希望于梦里重逢。可是，他卧在床上无法入睡，也无法在梦里见到妻子了。看来，在梦中相会也是需要运气的。这是多么无奈的事情啊！

第五章 宦海沉浮

有才华的人总会受到青睐。青年时期的李商隐，因为才华，遇见了提携他的恩师令狐楚。在令狐楚眼中，他是学生，是下属，也是子侄。也因为才华，拥有了爱慕他的妻子王七妹。七妹温柔体贴，与他生儿育女，不离不弃。这两桩幸运的事情，却互不相容。令狐楚属于牛党，王七妹的父亲属于李党。他在牛李夹缝中艰难生存，跌宕起伏。

乐天赏识·永怀高唱托余晖

冀马燕犀动地来，自埋红粉自成灰。
君王若道能倾国，玉辇何由过马嵬。

海外徒闻更九州，他生未卜此生休。
空闻虎旅传宵柝，无复鸡人报晓筹。
此日六军同驻马，当时七夕笑牵牛。
如何四纪为天子，不及卢家有莫愁。

——《马嵬二首》

洛阳的春光里，牡丹是最明媚的风景。这场声势浩大的花事，仿佛预示了许多幸运将会降临。那年，李商隐在寻常人家的巷道口遇见了白牡丹，由一只蜜蜂指引，与天真烂漫的少女柳枝互生情愫。

牡丹进入盛花期，全城百姓也进入了狂欢期。白居易曾作《牡丹芳》记录："花开花落二十日，一城之人皆若狂。"因众人狂热追捧，牡丹价格急剧攀升。对此，白居易作了《买花》："低头独长叹，此叹无人喻。一丛深色花，十户中人赋。"

在洛阳归隐终老的白居易，不缺少名望和财富。他爱花成痴，又有独特的鉴赏力。众人皆知，他的宅院里，有洛阳城最美的牡丹花。

在让山兄的带领下，李商隐参加了几场小型的花会花宴。想不到，他竟有机会到白居易的宅院，参加他的私家花会。白居易已功成身退，依然在政坛和文坛上都有很大的影响力，大家亲切地叫他"白老"。对于此时的白老，时间和金钱都很宽裕。他只想寻找有趣的人，打发无聊的光阴。

诗人赏花，少不了诗酒酬唱的雅事。白居易的宅院不大，却设计精巧。高低错落、曲径通幽。院子旁边，牡丹争奇斗艳，花下有一条曲折的小溪。众人一觞一咏，饮酒作诗。李商隐应对从容，佳句频出。

身处热闹又雅致的花宴，李商隐如同置身于幻梦之中。他曾经在洛阳城郊外见识过这样的宴会。就在那场舞宴上，东诸侯看上了他心爱的姑娘柳枝。那时候，他没有想到，自己也会受到邀请，成为高规格宴会上的一员。

宴会结束之后，白居易请李商隐留下来。老人笑容和蔼，直白地告诉他，年轻人，我喜欢你的诗。李商隐愣住了，连忙道谢，感谢白老的鼓励。白居易却说，这不仅仅是鼓励。他由衷地赞叹，很久没有读到过这么美的诗了。

“风光冉冉东西陌，几日娇魂寻不得。”白居易吟诵的，正是《燕台》。《燕台》之美，不仅让柳枝入迷，也让大诗人白居易真心欣赏。吟罢，白居易又吟李商隐的《河阳诗》：“黄河摇溶天上来，玉楼影近中天台。龙头泻酒客寿杯，主人浅笑红玫瑰。”他感叹道，这几首诗，颇有李贺的神采。

李商隐欣喜地答道，正是模仿李贺所作。那几年，李商隐非常喜欢李贺的风格。喜欢他诗歌里诡谲的神话传说，也迷恋字句中凄美缥缈的意境。在玉阳学仙的经历，加深了他的喜欢。因为喜欢，他开始模仿李贺的诗风。

黄河摇溶天上来，玉楼影近中天台。
龙头泻酒客寿杯，主人浅笑红玫瑰。
梓泽东来七十里，长沟复堑埋云子。
可惜秋眸一脔光，汉陵走马黄尘起。
南浦老鱼腥古涎，真珠密字芙蓉篇。
湘中寄到梦不到，衰容自去抛凉天。
忆得蛟丝裁小卓，蛱蝶飞回木绵薄。

绿绣笙囊不见人，一口红霞夜深嚼。
幽兰泣露新香死，画图浅缥松溪水。
楚丝微觉竹枝高，半曲新辞写绵纸。
巴西夜市红守宫，后房点臂斑斑红。
堤南渴雁自飞久，芦花一夜吹西风。
晓帘串断蜻蜓翼，罗屏但有空青色。
玉湾不钓三千年，莲房暗被蛟龙惜。
湿银注镜井口平，鸾钗映月寒铮铮。
不知桂树在何处，仙人不下双金茎。
百尺相风插重屋，侧近嫣红伴柔绿。
百劳不识对月郎，湘竹千条为一束。

这首《河阳诗》用典极多，起笔壮阔，落笔虚无，情感炽烈而决绝。有人说，这首诗有政治上的寓意，也有人说，这是一首艳情诗。诗中犹如幻梦的情景，似乎并非来自真实的人间。那些意象，或缱绻缠绵，或神秘幽深，我们无法确知其意，却为此深深感动。

除去《燕台诗》《河阳诗》，李商隐所作的《碧城三首》《无愁果有愁曲北齐歌》，都酷似李贺的诗歌。他甚至直接以《效长吉》为名，作了一首宫怨诗："长长汉殿眉，窄窄楚宫衣。镜好鸾空舞，帘疏燕误飞。君王不可问，昨夜约黄归。”

李贺英年早逝，才高命薄。李商隐虽与他素未谋面，却生出惺惺相惜之感。他们都姓李，祖上算是皇室贵族，如今已不能享受到皇家恩泽。他们具有高度的艺术敏感，对诗歌一腔赤诚乃至呕心沥血。他们的文字里充满丰富的想象，却在现实世界里郁郁不得志。

出于敬慕和惋惜，李商隐还撰写了《李贺小传》。

京兆杜牧为李长吉集序，状长吉之奇甚尽，世传之。长吉姊嫁王氏者，语长吉之事尤备。

长吉细瘦，通眉，长指爪，能苦吟疾书。最先为昌黎韩愈所知。所与游者，王参元、杨敬之、权璩、崔植辈为密，每旦日出与诸公游，未尝得题然后为诗，如他人思量牵合，以及程限为意。恒从小奚奴，骑距驴，背一古破锦囊，遇有所得，即书投囊中。及暮归．太夫人使婢受囊出之，见所书多．辄曰：“是儿要当呕出心乃已尔。”上灯，与食。长吉从婢取书，研墨叠纸足成之，投他囊中。非大醉及吊丧日率如此，过亦不复省。王、杨辈时复来探取写去。长吉往往独骑往还京、洛，所至或时有著，随弃之，故沈子明家所余四卷而已。

长吉将死时，忽昼见一绯衣人，驾赤虬，持一板，书若太古篆或霹雳石文者，云当召长吉。长吉了不能读，欻下榻叩头，言："阿弥老且病，贺不愿去。"绯衣人笑曰："帝成白玉楼，立召君为记。天上差乐，不苦也。"长吉独泣，边人尽见之。少之，长吉气绝。常所居窗中，勃勃有烟气，闻行车嘒管之声。太夫人急止人哭，待之如炊五斗黍许时，长吉竟死。王氏姊非能造作谓长吉者，实所见如此。

鸣呼，天苍苍而高也，上果有帝耶？帝果有苑囿、宫室、观阁之玩耶？苟信然，则天之高邈，帝之尊严，亦宜有人物文采愈此世者，何独眷眷于长吉而使其不寿耶？噫，又岂世所谓才而奇者，不独地上少，即天上亦不多耶？长吉生二十七年，位不过奉礼太常，时人亦多排摈毁斥之，又岂才而奇者，帝独重之，而人反不重耶？又岂人见会胜帝耶？

为了搜寻李贺生前事迹，李商隐找到了李贺嫁去王家的姐姐。王家姐姐说，李贺呕心沥血，苦吟成诗，为了收集灵感，他经常背着一只锦囊。一旦思有所得，即刻记录下来放入锦囊之中。因为生来羸弱，苦吟费神，李贺仅仅活了二十七年。

李贺临终时，有仙人降临，说是召他去天庭，为天帝的白玉楼写记。李商隐还在《李贺小传》中强调，王家姐姐很实诚，并非说谎之人。李贺为仙人召唤，确有其事。与其说王家姐姐从不撒谎，不如说，李商隐希望这是真的。他为李贺惋惜，想为他添加一个圆满的结局。

因为仰慕，李商隐与李贺，跨越了生死而神交。因为欣赏，李商隐与白居易，跨越了年龄的鸿沟，成为了忘年交。

在白居易的藏书阁里，李商隐见到了尚未成书的《六帖》。此书内容庞杂，不仅有词语佳句，还有律、令、格、式若干条文。这种琐碎的收集整理工作，需要极大的耐心。白居易说，六帖包罗万象，可以作为后人考证的依据，也可以用作撰写诗文的素材。他做这些事情，全然不是为了名利，也并非为了满足自己的喜好，而是为了文化的延续。李商隐被白居易的精神打动了。

白居易随意问李商隐："你最喜欢我哪首诗？"

李商隐愣了片刻，回答："《长恨歌》。"白居易的诗歌平实通俗，与李商隐深婉绵密的诗歌大为不同。但白居易襟怀坦荡，眼光开阔，能够包容甚至欣赏不同的风格。

《长恨歌》里，既有对君王好色误国的批判，也有对爱情的歌颂。难得的是，两者矛盾又和谐地共同存在着。这种矛盾又和谐的观点，后来也出现在了李商隐的诗中。

冀马燕犀动地来，自埋红粉自成灰。

君王若道能倾国，玉辇何由过马嵬。

海外徒闻更九州，他生未卜此生休。

空闻虎旅传宵柝，无复鸡人报晓筹。

此日六军同驻马，当时七夕笑牵牛。

如何四纪为天子，不及卢家有莫愁。

《马嵬二首》中，第一首是对君王贪色误国的批判。如果真如君王所认为的那样，美人有倾国倾城之力，乱军也应该被美人倾倒啊。何至于被乱军所逼迫，自埋红粉自成灰呢？第二首中，诗人笔锋一转，开始同情唐玄宗与杨玉环的爱情。当了四十年的天子，却保不住自己心爱之人。尚不及平民百姓家，夫妻能够携手白头。

聊完诗文写作，白居易向李商隐询问了他家中的状况。得知他早年丧父，家中贫寒，求仕无门，仿佛看到了年轻时候的自己。

唐代干谒之风盛行。求仕的年轻人奉上自己满意的作品，祈求位高之人援引擢拔。

白居易早年到长安，谒见顾况。顾况见到白居易的名字，开玩笑道："米价方贵，居亦弗易。"意思是，长安的物价太贵了，不容易居住。待他翻看到《赋得古原草送别》一诗，连声叫好："有句如此，居天下有甚难！"这件事，让白居易名声大振。

回忆到此处，白居易对李商隐说，我如今已经多年不在朝政，帮不了你许多，将你推荐给在任的官员吧。他挑选了几卷书，又修书一封让李商隐带给令狐楚。李商隐提着沉甸甸的包裹，知道除了书和信，内里还有好些银子。

他感动地说，不知道该如何报答白老。白居易爽朗大笑，你若要报答我，就让我死后投胎做你的儿子吧。

这句玩笑话，李商隐铭记在心。后来，李商隐成婚生子，遵守承诺给儿子取名白老。小白老愚钝，没有半分诗人的样子。他又有了一个儿子衮师。李商隐说，原来衮师才是白居易转世呢。白老转世，当然只是坊间传说。由此也可以看出，白居易对李商隐的欣赏，是毫不隐晦、众所周知的。

二十年后，白居易去世。嗣子白景受遵从其遗愿，写信邀请李商隐作墓志铭。李商隐当然没有推辞。他及时回信，即《与白秀才状》。

杜秀才翱至，奉传旨意，以远追先德，思耀来昆，欲俾虚芜，用备刊勒。承命揣己，悲惶莫任。伏思太和之初，便获通刺，升堂辱顾，前席交谈。陈蔡及门，功称文学；江黄预会，寻列《春秋》。虽迹有合离，时多迁易，而永怀高唱，尝托余晖，遂积分阴，俄逾一纪。今弟克承堂构，允绍家声。将欲署道表阡，继志述事，必在博求雄笔鸿生，岂谓爱忘，忽兹谋及！

悚怍且久，辛酸不胜，欲遂固辞，虑乖莫逆。表严平于蜀郡，谁不愿为；叙郭泰于介休，亦惟无愧。庶磨铅钝，聊慰招扃，伏纸向风，悲愤交积。

“伏思太和之初，便获通刺，升堂辱顾，前席交谈。”数十年过去了，两人畅谈诗文的场景还历历在目。不难看出，李商隐对白居易怀有深厚的感激之情。

恩怨交织·双鲤迢迢一纸书

嵩云秦树久离居，双鲤迢迢一纸书。

休问梁园旧宾客，茂陵秋雨病相如。

——《寄令狐郎中》

拿着白居易写的书信，李商隐来到了令狐楚的门前。令狐楚时任东都留守兼东畿汝都防御使。他的府邸，比白居易的宅院气派威严。登门拜访者太多，令狐楚公务繁忙，常常没有时间见客。李商隐拿出白老的书信，府中小厮才破例带他进去。

这让李商隐意识到，要想进入一个高级的圈子，引荐之人多么重要。如果没有白居易，他即使有勇气呈上自己最满意的作品，多半也会石沉大海。

在茶室等候了许久，李商隐见到了令狐楚。老者五十多岁的年纪，须发花白，神情严肃。李商隐心下有些紧张，鼓起勇气主动表明了身份和来意。老者不怎么答话，只是偶尔点点头，并没有显出热情的样子。这令李商隐有些失望。

实际上，令狐楚的反应与李商隐无关。他多年身居高位，又是一代文宗，收到士子投献的诗文太多。那些诗作大多平庸无奇，无法引起他的兴趣。加之，他离开长安到洛阳出任东都留守，心中有些失落。这份失落，也表现在了赏花之时。

十年不见小庭花，紫萼临开又别家。
上马出门回首望，何时更得到京华。

这首《赴东都别牡丹》，是令狐楚刚到洛阳所作。他在外任职十年，回到长安不及一年，又被派往洛阳。长安的家园里，紫色的牡丹还未开放。依依不舍之际，诗人出门回望，不知何时才能回京任职。洛阳的牡丹不逊于长安，但远调出京的遗憾，实难纾解。

就在遗憾失落的情绪里，令狐楚第一次见到了李商隐。他读完白居易的推荐信，信中那些盛赞李商隐才华的字句令他惊讶。令狐楚清楚白居易对文字的鉴赏力。他知道，白居易不会轻易推荐人。一旦推荐，必定有其过人之处。

翻开李商隐的诗文。令狐楚很快看出，李商隐的笔力惊人，蕴含着惊世的才华。令狐楚慢慢翻阅，连连颔首。他称赞道："年轻人里面，能写出这种诗文的，实在太少了。看来，白老没有看错人。"

李商隐顺势道："白老也说您是一代文宗，德高望重，惜才爱才。"

白居易对令狐楚的评价，并没有夸张。令狐楚文章写得漂亮，文采飞扬且极有特色。据说，唐德宗李适尤其喜爱令狐楚的文字，可以从一堆奏章中一眼辨认出哪些由他拟制。

对令狐楚而言，写文章不仅是娱乐消遣，还能获得名利。关键时刻，文章甚至可以平息兵变、挽救性命。

据说当年，太原节度使郑儋暴病去世，没有安排身后事。军中各方势力争斗，即将发生兵变。数十名军官持刀胁迫令狐楚，让他连夜起草郑儋的《遗表》。这些军官来自不同的派系，有不同的利益诉求。令狐楚从容不迫，直面利刃挥毫落笔。写完之后，令狐楚当众宣读，将士们感动落泪，无不信服。紧张的情势也平缓了下来。

令狐楚看了李商隐带来的文稿，评价道："你的功底非常好，但所写都是古文。如果要通过科举考试，走上仕途，必须写四六文。你可愿意跟我学习四六文？"

李商隐当然愿意，立即向令狐楚行了拜师礼。

此后，李商隐经常来到令狐楚家中，与他的儿子令狐绪、令狐绹一同学习。俗话说，名师出高徒。令狐楚是骈文高手，李商隐悟性超常。在令狐楚的指导下，李商隐的骈文水平突飞猛进。

李商隐在令狐家中的学习非常愉快。虽然令狐绪、令狐绹兄弟比他年长许多。长期相伴，几个年轻人结下了深厚的友谊。他们不仅一同学习，还一同游玩。《旧唐书·文苑传·李商隐》中记录："楚以其少俊，深礼之，令与诸子游。"

令狐楚在洛阳的时间不久。不到一年，他便调任太平军节度使，要前往郓州。郓州即今山东东平，距洛阳近千里。令狐楚给了李商隐一个节度巡官的职位，让他一同前往。

李商隐尚未取得功名，就有了官职，心中感激不已。他随令狐楚去往郓州，时常伴随令狐楚左右。多年后，惊闻令狐楚去世，李商隐深情地写下《奠相国令狐公文》。

天平之年，大刀长戟，将军樽旁，一人衣白。十年忽然，蜩宣甲化。人誉公怜，人谮公骂。公高如天，愚卑如地。

出身寒微的白衣少年，相伴令狐楚十载。有人称赞少年，令狐楚真心地高兴，对他越发怜惜喜爱。有人诽谤少年，令狐楚就会毫不客气地骂回去。这般庇护和爱怜，绝非官场的上下级关系，而近乎父亲对孩子的喜爱。

这段时间，除了伴随令狐楚左右，李商隐常常跟蔡京一起游玩。他们都是令狐楚挑选为儿子伴读的少年。同样的容貌俊秀，同样的知书识礼，深得幕主喜爱。

只不过，蔡京更能认清楚自己的身份。他懂得，自己名义上是令狐绹兄弟的伴读、是令狐楚的幕僚，实际上更是令狐楚为儿子培养的政治资源。他以令狐家臣的身份要求自己，得到的回报也是惊人的，最后终于升到了节度使的位置。

李商隐却永远天真赤诚，不懂人情世故。他只会把令狐楚当做传授知识的老师，把令狐绹当做可以说心里话的好朋友。正因为如此，他才华横溢却沦为下僚，在牛李党争中困惑一生。

在后来给令狐楚的书信里，他写过一首《谢书》，感谢令狐楚教他学习四六文写作的恩情。那时候的他，热情高涨，对未来充满了憧憬。

微意何曾有一毫，空携笔砚奉龙韬。

自蒙半夜传衣后，不羡王祥得佩刀。

半夜传衣，原指禅宗五祖弘忍半夜传衣给六祖慧能，诗中指令狐楚给李商隐传授写诗作文的诀窍。

王祥佩刀典出《晋书》。吕虔有一把宝刀。据工匠说，此刀普通人不可佩，只有登三公之位的人才能佩戴。吕虔将此刀送给隐居的王祥。后来，王祥果然立下大功，成为太尉，位列三公。“不羡王祥得佩刀”，可见当时的李商隐踌躇满志，认为自己定能一展宏图。

然而，李商隐满怀期待走上考场，却迎来了一次次挫折。

最开始，李商隐参加科举未能成功，他不以为意。毕竟，进士考试的录取率太低了。参加考试的人成百上千，每一次只能录取三四十人。考取进士如此之难，青年们却想方设法挤进这扇窄门。只因为，成为进士是走上仕途的公认捷径。

在唐代，绝大部分的宰相都是进士出身的。李商隐的恩师、做过宰相的令狐楚，就曾进士及第。在李商隐参加考试之前，令狐楚的儿子令狐绹，也考上了进士。

为了让李商隐参加考试，令狐楚给予了巨大的帮助。他不仅提供了经济上的资助，更难得的是，给了他乡贡的身份，为他提供了参考的资格。那时候，各州县每年可以向朝廷推荐一批参加科举考试的人员，称为乡贡。乡贡的名额有限，非常珍惜。然而，他接连参加了三次科举考试，都没有考中。

对于自己的才华，李商隐很有信心。屡屡落第，应该不是答题水平的问题。

后来，他与友人说起过屡考不中的原因，将其归因为“为故贾相国所憎”。因为，他前三次考试的主考官都是贾餗。这个原因，是不太真实的。李商隐仅是出身寒微的一介布衣，贾餗恐怕都不认识他，怎么会憎恶他呢？李商隐才华横溢却屡试不第，原因应该很简单。那时候，进士的名额太紧张了。各路关系户还不够排呢，怎么顾得上一个毫无关系背景的考生。

在唐代，科举考试的成败不由答题水平决定。因为考试不封卷，考官可以看见考生的姓名。如此一来，主考官判定名次的主观性非常大。因此，唐代行卷之风盛行。在考试前，考生们把平时所作的诗文投送给有名望的前辈，希望让前辈欣赏，进而推荐给主考官。

后来，李商隐在给朋友的书信中提到过，自己也是做过行卷的事情，但是没有什么效果。有时候，他行卷的对象收到的诗文太多，来不及看。还有时候，他所投递的对象水平不高，读不懂他文章的好，让他白费力气。

可以看出，李商隐的确做过行卷的事情。他希望用自己诗文中蕴藏的才华，吸引政坛、文坛上有名望的人。这种朴素的方法，在白居易和令狐楚那里产生过效果，如今却失灵了。堂堂正正的道路，在世俗的社会里面很难行得通。

考生们四处打点关系、寻找门路之时，李商隐如果托令狐楚或者白居易为他说情，成功的希望或许会大一些，但他没有。他骨子里面是清高的，不愿意让这些有权势、有名望的长辈因为私人关系帮他说情。

一次次的落败让他灰心。在第五次参加考试的时候，他终于考上了。从表面上来看，这是一个坚持不懈终获成功的励志故事。然而真正的原因，并不是五年的积累让他的应试水平突飞猛进，也不完全因为“憎恶他”的贾相国不在了。

这一次，主考官换成了礼部侍郎高凯。当时候，令狐绹初涉官场，担任了右拾遗的职务。这个官的品阶不算太高。但聪明人看得出来，有令狐楚作为背景，令狐绹的前途将会一片光明。高凯善于左右逢源，是识时务的聪明人。

在跟令狐绹聊天的时候，高凯不经意间问了几次：“八郎之交谁最善？”令狐绹也连续回答了几次“李商隐”。就这样，主考官得知李商隐与令狐绹交好，终于让他金榜题名。

后来，在跟友人陶进士的书信中，李商隐写过此事。像他这样不屑于走关系的清高诗人，最终也是凭借关系才被录取，这也是一个讽刺吧。

金榜题名，本应皆大欢喜。天不遂人愿，李商隐跟令狐绹产的误会自此产生。李商隐向令狐楚报告了进士及第的好消息。令狐楚调任山南西道节度使，又邀请李商隐去幕府任职。忙完了一系列庆祝活动，李商隐在老家跟母亲和弟弟妹妹团聚。所以，当令狐楚来信相邀之时，他并没有立即动身过去。

令狐楚新官上任，又生了病，接连来信催促李商隐前去。李商隐回信应承着，却难舍与家人的天伦之乐。过了大半年，他快马加鞭赶去令狐楚身边的时候，才发现自己低估了令狐楚的病情。

这位视他为子侄的老人，已经病入膏肓了。令狐楚依旧用慈爱的语调，让他书写《遗表》。《遗表》是大臣在弥留之际，写给皇帝的最后书信。李商隐怀着悲痛沉重的心情，记录下令狐楚对皇帝的建议。最后一段里，他写道，令狐楚死后，天空中陨落了一颗大星。如同《李贺小传》一样，李商隐为自己敬仰之人的去世加上了一个完美的结局。

李商隐的迟到，让令狐绹对他的人品产生了怀疑。接下来，李商隐很快结婚，成为王茂元的女婿，更让令狐绹认定他是忘恩负义之人。那时候，牛李两党争斗不息。令狐楚父子属于牛党，王茂元却属于李党。昔日的友情淡化，只够维持表明的客气。

令狐绹哪里知道，李商隐单纯的心思里，只有情谊没有手段。后来，李商隐多次想修复跟令狐绹的关系，都没有得到回应。多年以后，令狐绹给他写了一封信。收到信的一瞬间，李商隐正在洛阳闲居。他百感交集，写下了《寄令狐郎中》。

嵩云秦树久离居，双鲤迢迢一纸书。

休问梁园旧宾客，茂陵秋雨病相如。

——《寄令狐郎中》

嵩即嵩山，代指洛阳。秦即长安。李商隐与令狐绹分别在洛阳和长安。双鲤指书信，典出《饮马长城窟行》："客从远方来，遗我双鲤鱼。呼儿烹鲤鱼，中有尺素书。"诗人在洛阳养病，很久没有见到长安的友人了。他收到令狐绹从远方寄来的书信，心中应该是很感动的。

梁园旧宾客本指司马相如，他曾经做过梁孝王门下宾客。李商隐曾经做过令狐楚的幕僚，此处以"梁园旧宾客"自喻。司马相如因生病免去官职，闲居在茂陵。李商隐也因为丁母忧，在洛阳闲居了好几年。

这首诗，虽然流露出感伤落寞之意，却只有对往日情谊的怀念，没有渴求令狐绹推荐关照的意思。

丁母忧归来，经历了几番沉浮，李商隐在徐州的幕主卢弘正去世，他又陷入了闲居的境地。妻子已经离世，又没有了生计，李商隐终于向令狐绹求援了。他在书信中极尽溢美之词，歌颂宰相的功德。因为此时的令狐绹，已经高居相位。

如他所愿，令狐绹伸出了援手，给他太学博士的位置。这个职位，虽是闲职，却是正六品上阶，算是李商隐一生仕途的巅峰了。

误陷党争·一生无复没阶趋

黄昏封印点刑徒，愧负荆山入座隅。

却羡卞和双刖足，一生无复没阶趋。

——《任弘农尉献州刺史乞假还京》

初入仕途的时候，李商隐曾经供职于崔戎幕中。那时候，他刚过二十岁。虽然科考落榜，但他还很年轻，未来还有无限可能。也许因为从小经历的挫折太多，他对前途充满了悲观和忧虑，写下了《初食笋呈座中》。

嫩箨香苞初出林，於陵论价重如金。

皇都陆海应无数，忍剪凌云一寸心。

箨，是包裹在竹笋外面的笋壳。苞，指还没有脱落笋壳的竹笋。於陵地处山东，竹笋不多，所以价格贵重。包裹着笋壳的嫩笋刚从竹林里冒出来，就被人拿到於陵去议价，贵重如黄金。

皇都即长安。陆海指大片竹林，出自《汉书·地理志》："秦地有鄠杜竹林，南山檀柘，号称陆海，为九州膏腴。"凌云指凌云之志。一寸心，指刚刚长出来的、高不过一寸的嫩笋。京城附近的竹林里，应该有无数的竹笋啊。所以才忍心剪掉刚长出的嫩笋，断了它的凌云之志吧。

诗人见到竹笋，想到了胸有大志、身负才华却科考落第的自己。也许因为长安城人才济济，所以忽略了他这个可造之材吧。就如同本想长成凌云翠竹的嫩笋，刚刚破土就被人剪掉，拿到市场交易，端上了餐桌。

考中进士后，李商隐应王茂元之邀，来到泾原。这年春天，他参加了吏部的博学鸿词科考试。据说，他原本已通过了考试，却被一位中书省的官员划掉了名字，还评价了一句"此人不堪"。忧郁愤懑的心情无从纾解，他来到郊外登楼抒怀，写下了《安定城楼》。

迢递高城百尺楼，绿杨枝外尽汀洲。
贾生年少虚垂泪，王粲春来更远游。
永忆江湖归白发，欲回天地入扁舟。
不知腐鼠成滋味，猜意鹓雏竟未休。

迢递指城高，百尺指楼高。诗人登上高耸的城墙，又爬上百尺高楼，极目远眺。目光越过翠绿的杨柳，视野的尽头是河岸边的汀洲。

贾生指贾谊。贾谊在年少时博览群书，向汉文帝呈上《陈政事书》，直陈朝政内忧外患。文帝本想聘他为公卿，却遭大臣诋毁。王粲曾离开京城，寓居荆州，作《登楼赋》。诗人以贾生流泪、王粲远游自况，抒发孤寂飘零、怀才不遇之感。

“欲回天地入扁舟”典出《史记·货殖列传》。范蠡辅佐越王勾践灭吴，乘一叶扁舟归隐江湖。诗人希望自己像范蠡一样，先实现理想抱负，待到白发苍苍再归隐江湖。

鹓雏是与凤凰同类的鸟，鸱鸟指类似于猫头鹰的鸟。末句典出《庄子·秋水》。

庄子去梁国的时候，有人对梁国的宰相惠子说，庄子要来取代你的职位。惠子害怕，在国都搜捕了三天三夜。庄子对惠子说，南方有一种叫鹓雏的鸟，从南海飞到北海去，不是梧桐树不栖息，不是竹子的果实不吃，不是甘甜的泉水不喝。鸱鸟捡到了一只腐臭的老鼠，害怕鹓雏抢夺，就像你害怕我抢夺梁国的相位。

诗人以庄子自比。那些像惠子一样庸俗市侩的人，以为所有人都热衷于追求功名利禄，不理解诗人志存高远、光明磊落。

诗人仕途不畅，一生沦为下僚，未能实现功成名就、退隐江湖的理想。但是，此句深得王安石所喜。晚年的王安石，罢相后退居金陵，反复吟咏“永忆江湖归白发，欲回天地入扁舟”。他认为此诗遒劲洒脱，其胸襟气度可不逊于杜甫。

李商隐早有报国之志。他第一次将凤凰与猫头鹰作对比，并非《安定城楼》。早在《随师东》中，他就用鸑鷟代指良相，用鸱鸮指节度使。那时候，令狐楚由东都留守调任太平军节度使，李商隐以幕府巡官的身份随行。见到战乱之后的破败景象，他触目而惊心，想起大和年间讨李同捷之战，作了此诗。

东征日调万黄金，几竭中原买斗心。
军令未闻诛马谡，捷书惟是报孙歆。
但须鸑鷟巢阿阁，岂假鸱鸮在泮林。
可惜前朝玄菟郡，积骸成莽阵云深。

为了准备这场战争，朝廷耗费了大量的经费，中原的财富几乎被搜刮枯竭。然而，这些钱并没有用到合适的地方，比如添置升级军备、训练军队。许多军费都用来奖赏将士，收买他们的斗志。

诛马谡，即诸葛亮挥泪斩马谡的典故。出兵伐魏之时，诸葛亮派马谡为前锋。马谡违反军事部署，导致街亭失守。诸葛亮按军法将马谡处斩。报孙歆，指晋军伐吴之时，晋将王濬向朝廷谎报战功，说自己斩获了吴将孙歆的首级。后来，晋将杜预生擒了孙歆，将其押送回洛阳。王濬的谎言被当场揭穿。

诛马谡、报孙歆两个典故，用来讽刺伐李同捷之战军纪败坏。不守军纪之人处处皆是，却无人查办。将士们为了领取厚赏，时常谎报军情。

鸑鷟属于凤凰的一种。阿阁，是宫殿的意思。鸱鸮指猫头鹰。泮林是古代诸侯学宫旁的树林。凤凰筑巢在天帝居住的宫殿之上，犹如贤相在朝。猫头鹰在诸侯学宫旁边的树林，犹如藩镇割据。诗人认为，只要朝廷有贤能之相，就不会允许藩镇割据的现象存在。

前朝玄菟郡，本指汉代设置的郡。此处指李同捷叛乱的沧州、景州。这里遭受过战乱，积骨成堆，战后杀气弥漫，分外萧索。

《随师东》里的贤相，大约指名相裴度。裴度主战，曾有力打击割据势力，使得元和中兴。李商隐多次在诗文中推崇裴度的功绩。他没有顾及裴度与令狐楚是政敌。诗人的心思，往往清峭而超脱。他们只管是非对错，分不清派系阵营。

有理想有抱负的人，不愿意长时间过清闲的日子。母亲去世以后，李商隐在家中丁母忧。时间倏忽而过，一晃已经是第四个年头。这个春天，春和景明，依然有花有月，他内心却为了前程而不得安宁，写下了《春日寄怀》。

世间荣落重逡巡，我独丘园坐四春。
纵使有花兼有月，可堪无酒又无人。
青袍似草年年定，白发如丝日日新。
欲逐风波千万里，未知何路到龙津。

荣落，即兴盛和衰落。逡巡，形容变化迅速。诗人丁母忧，已经第四个年头了。他闲居在永乐，目睹世事迅速变化，却枯坐家中全然不能参与。

小园虽景致不错，可以赏花赏月，却无人造访饮酒叙旧，格外冷清。闲下来的时光，显得寂寞又无聊。

青袍，是唐代低阶官员穿的袍子。诗人丁母忧之前，任秘书省正字，为九品下阶，所以穿青袍。这四年间，诗人年岁渐增，白发越来越多，却依然没有改变低阶官员的身份。

龙津，即龙门。据传说，鲤鱼跃过龙门，便可化身成龙。诗人愿意随风波追逐千万里，却不知道哪一条才是通达龙门的道路。

这首诗的语言直白流畅，一咏三叹，用春日景色之明媚对比内心的烦闷。诗人希望有所作为，却报国无门，只能蹉跎岁月，虚度光阴。

吏部选试通过，李商隐在长安任职秘书省校书郎。这个职位很低，是正九品上阶，但他感到非常满意。一则，这是有前途的职位。校书郎有遴选为翰林的机会。而宰相，往往是从翰林中选拔。二则，这是读书人喜欢的职位。不需要做多少琐事，有大把时间研读各类文书典籍。

为了这份欣喜，李商隐写下了《玉山》："玉山高与阆风齐，玉水清流不贮泥。何处更求回日驭，此中兼有上天梯。珠容百斛龙休睡，桐拂千寻凤要栖。闻道神仙有才子，赤箫吹罢好相携。"

神话中的玉山，即群玉之山。那里盛产美玉，也有大量上古帝王的藏书，类似于秘书省。从玉山攀登，可以直达天梯。诗人觉得，进入了秘书省，便得到了成为皇帝近臣的机会。正如凤凰需要栖息在梧桐上，有才华的人也需要合适的职位。诗人愿与秘书省的各位才子一起，相互扶携，走向美好的未来。

然而，这份高兴持续得太短暂。仅仅数月的时间，李商隐便由秘书省校书郎调任弘农县尉。任职弘农尉，李商隐不明原因，却是无奈的。从正九品上阶降为了正九品下阶，从长安城迁任往弘农县城。这样一来，他离供职翰林的理想遥远了许多。最难以忍受的是，从只需要写文章的职位变成了处理琐碎事务的俗吏。

诗人生性浪漫洒脱。他们宁愿熬夜写诗作文，也不愿意日复一日陷入繁琐的事务之中。县尉主管治安，日常工作琐碎非常，每天都要清点囚徒、封存官印。

幸好办事踏实是李商隐的习惯。艰辛的少年时代，他为了生计，曾经“佣书贩舂”。如今，即便内心失落，他也可以耐着性子处理日常事务。渐渐地，他发现了这些琐事的意义。这些小事情，虽然繁杂且无聊，却关系到老百姓的直接利益，容不得半点疏忽。

李商隐是实在人，一旦用了心，就较真起来。对感情如此，对工作也如此。不久，他发现，那些所谓的囚徒，并非犯了大错。仔细核查之后，李商隐为死囚减了刑。此事触怒了观察使孙简，要将他撤职查办。

不久，孙简离任，姚合接替了孙简的职位。李商隐无心留在此地，写下《任弘农尉献州刺史乞假还京》。

黄昏封印点刑徒，愧负荆山入座隅。

却羡卞和双刖足，一生无复没阶趋。

此诗极为直白，首句就表达了对工作的不满。每天黄昏，县尉都要封存官印、清点囚徒，这样的工作，哪里需要什么文化呢。

荆山，是卞和伐薪得璞玉的地方。入座隅，指屈居席末。县尉的职位卑微，在县令、县丞、主簿之下。

卞和双刖足，源于和氏璧的传说。据传，楚人卞和在荆山伐薪，得到一块玉璞，献给楚王。有人说玉璞是石头，卞和被削去了双足。后来，楚文王即位，见卞和抱着玉璞在荆山哭泣。楚文王命人雕琢玉璞，得到宝玉，称为“和氏璧”。

诗人觉得，他平白被冤枉，就如同卞和受到的诬陷。

诗末，更是充满了负气之语。诗人直言，这样的生活没有什么意思，反而很羡慕卞和被削去了双足，一生不用逢迎上级、阶前奔走。

写完这首诗，诗人以请假为名，愤而回京。县尉一职虽然卑微，也是领着国家俸禄的官员。离职一事，让他的仕途平添了几多坎坷。然而，他本性纯良，做不出镇压老百姓的事情。对于这件事，他从没有后悔。即使再来一次，他也会做出同样的选择。

有才华而不得重用，让李商隐长期陷入忧伤失落。他为怀才不遇、明珠蒙尘的古人感到悲伤，也羡慕那些依靠才华成功实现政治抱负的人，于是写下了《宋玉》。

何事荆台百万家，惟教宋玉擅才华。
楚辞已不饶唐勒，风赋何曾让景差。
落日渚宫供观阁，开年云梦送烟花。
可怜庾信寻荒径，犹得三朝托后车。

荆台，即荆州，指楚国。荆楚之地有百万人家，惟有宋玉才华出众。唐勒、景差是跟宋玉同时代的辞赋家。宋玉的楚辞不比唐勒差，他的《风赋》不逊于景差。落日余晖洒向渚宫的观阁，初春的云梦泽盛开繁花。美丽的景色催发着宋玉的才华。

庾信寻荒径，出自庾信《哀江南赋》：“诛茅宋玉之宅，穿径临江之府。”庾信寻找宋玉旧宅的荒径居住，成为三朝大臣。可见，宋玉的才华惠及了后世文人。

诗人认为自己才华不输庾信，也历经三朝，却无施展的机会。才华相似，境遇大为不同，怎不让人感慨呢！

巫楚之地风光秀美，容易引发诗情。李商隐离桂回京，途径巫峡，游览了楚宫的遗址，写下《过楚宫》。

巫峡迢迢旧楚宫，至今云雨暗丹枫。

微生尽恋人间乐，只有襄王忆梦中。

楚宫故址在遥远的巫峡，楚襄王曾经到此游览。峡江之内，多雨多风。诗人途经此地之时，看见云雨笼罩着红色的枫叶，令其颜色暗淡。

微生，即平凡的芸芸众生。他们贪恋着日常生活中的种种欢乐，只有楚襄王还在回忆着遇到神女的旧梦。

诗人如同楚襄王一样，在苦苦追寻着自己的理想，不为普通人所理解。这种矛盾的状态，痛苦又无奈，却无从改变，将会伴随他的一生。

第六章 情深不寿

李商隐的诗秾丽典雅，旖旎婉转，缠绵悱恻。许多人认为，他是处处留情的多情之人。他用真情对待萍水相逢的女子，由衷赞美她们的美好青春，用生花妙笔留下她们的倩影。实际上，他更是一位深情之人。妻子去世以后，他婉拒了柳仲郢赠送的歌女张懿仙，孤独地走完了短暂的一生。

萍水相逢·心有灵犀一点通

昨夜星辰昨夜风，画楼西畔桂堂东。
身无彩凤双飞翼，心有灵犀一点通。
隔座送钩春酒暖，分曹射覆蜡灯红。
嗟余听鼓应官去，走马兰台类转蓬。

——《无题·昨夜星辰昨夜风》

年少之时，李商隐深得令狐楚喜爱。令狐楚亲自指导李商隐的学习，还带着他出入各种社交场合。一次宴会上，众人被跳舞的美人吸引。女子姿态曼妙、衣袂飘飘，仿佛仙子下凡，颠倒众生。一曲终了，大家开着玩笑，要李商隐作诗。令狐楚也笑道："这种时候，大家都想放松放松，你就即景赋诗一首吧。"

李商隐知道，那跳舞的女子是令狐楚的姬妾。此诗既要赞美她的容貌舞姿，又不能写得浮浪，是个难题。哪种表达方式最为恰当呢？他在脑海中迅速构思，遂成一首《天平公座中呈令狐令公》。

罢执霓旌上醮坛，慢妆娇树水晶盘。
更深欲诉蛾眉敛，衣薄临醒玉艳寒。
白足禅僧思败道，青袍御史拟休官。
虽然同是将军客，不敢公然子细看。

此诗的表达方式十分巧妙，几近完美。前四句细致地描摹女子的容貌装束，姿态神情。后四句，则借现场观众的反应展示女子的无限魅力。

白足禅僧原指昙始。传说昙始高僧双足洁白，不沾尘垢。白足禅僧看了女子的舞蹈，也会动凡心，足见舞姿迷人。此处白足禅僧也指蔡京。蔡京是令狐楚在寺庙里看中的小和尚，因生得眉清目秀、聪明伶俐，被令狐楚带回家给儿子们做伴读。

青袍御史指监察御史。御史台官员为了避嫌，很少参加歌舞宴会。御史台官员为了欣赏到如此美妙的舞蹈，宁愿不再做官。

最后一句是诗人自己的谦恭的心理动态。因女子是幕主的姬妾，虽然诗人被她的舞姿深深吸引，也不敢仔细看。

这首诗写得诙谐浪漫又得体周全，少不了赢得众人称赞。这时候，诗中的每个人都是快乐的。哪怕后来历经世事变迁，回忆起来，都会惬意美好。后来，李商隐在给令狐楚的书信中回忆道："每水槛花朝，菊亭雪夜，篇什率征于继和。杯觞曲赐其尽欢。委曲款言，绸缪顾遇。"

任职秘书省之时，李商隐还年轻。出入上层名流宴客的场所，让他大开眼界，印象深刻。热闹喧嚣的人群中，他见到一位美丽的女子。她倾国倾城的容貌，已经在坊间流传了许久。世人总说，她长得像下凡的仙女。年轻的诗人，对此将信将疑，好奇又向往。

在热闹的宴会上，诗人亲眼见到了这名女子，才知道传言非虚。她的一颦一笑惹人心动，片刻的目光交汇令诗人陶醉。虽然两人心有灵犀，但女子是贵人的姬妾，无法与之接近。诗人想在她身边多停留一会儿，无奈晨鼓敲响，他该上班去了。

翌日，女子的身影在诗人眼前挥之不去，他写下了《无题》两首。其一，是朦胧缠绵的《昨夜星辰昨夜风》。其二是《闻道阊门萼绿华》，可视为第一首的注解。

昨夜星辰昨夜风，画楼西畔桂堂东。

身无彩凤双飞翼，心有灵犀一点通。

隔座送钩春酒暖，分曹射覆蜡灯红。
嗟余听鼓应官去，走马兰台类转蓬。

闻道阊门萼绿华，昔年相望抵天涯。
岂知一夜秦楼客，偷看吴王苑内花。

首句点出“昨夜”，表明是在回忆前一天的事情。李商隐的诗文里，回忆的画面很常见，大多是经年以后回忆往事，触景而生情，物是而人非。诗人及时记录昨天发生的事情，是担心时间久远，忘记了细节和微妙的情绪，足见珍惜之意。

星辰漫天，微风习习，多么舒适宜人的夜晚，应该发生点美好的事情。宴席设在画楼之西、桂堂之东，美事如愿发生了。画楼、桂堂指富贵人家的雅舍。彩凤，即彩色的凤凰。灵犀，即犀牛角。犀牛角中心的髓质呈白色，仿佛贯通两头的纹线，据传有通灵的作用。

昨夜还在一起玩乐，今夕却分隔两处。没有彩色凤凰那种翅膀，两人无法飞到一起。但他们心心相印，能感受到彼此的思念。“心有灵犀一点通”是流传千古的神来之笔，后人用来形容未经过语言沟通，却能够心领神会彼此的意图。

送钩，即藏钩之戏，是古代的一种游戏。人们互相传送钩，让对方猜测藏在谁人手中。射覆，也是古人的一种游戏，在巾盂等覆器下放置东西，让人猜测。

昨夜宴会上，酒暖灯红，热闹喧嚣。诗人并未与女子近身，只能隔座送钩、分曹射覆。目光交汇之间，他感受到了迷人的醉意，似乎也感应到了女子的心动。

听鼓，此处指听见了晨鼓。应官，指官员去上班。兰台，指处指诗人供职的秘书省。流连忘返之际，诗人听到了早晨的鼓点，必须动身去秘书省上班去了，就像蓬草一样不由自主。离开之时，内心充满了怅惘之情。

阊门，即传说中的天门。萼绿华，是传说中女仙的名字。当年时常听人说起这位女子的美貌，如同天门中的女仙萼绿华。从前总觉得远隔天边，没想到在昨晚的宴会上亲眼瞧见了。

仅是惊鸿一瞥，女子的倩影铭刻于诗人心中，不可磨灭。相见之前的仰慕，游戏之中的陶醉，离开之后的回忆，渲染出强烈追寻却不可即的深深遗憾。

这种浓烈的情绪，仿佛超越了简单的男女思慕。所以，也有人说，这首诗看似写男女情事，实则抒发了身世飘零、壮志难酬的自伤之感。

与情人分别，难免黯然神伤，令人悲伤不已。但李商隐有将沉重化为浪漫的本领。他的送别诗中，除去悲伤，也有绚丽奇幻的一面。比如著名的《板桥晓别》。

回望高城落晓河，长亭窗户压微波。

水仙欲上鲤鱼去，一夜芙蓉红泪多。

此诗中的“板桥”，位于汴州西。高城，即汴州城。落晓河，指时间到了清晨破晓，银河下落。男子与心爱的女子一夜相会，难舍难分。第二天清晨，男子告别女子，走出了城门。他回望高高的汴州城，看见银河在缓缓落下。长亭临水而建，微风乍起，窗户仿佛紧贴着层层水波。昨夜曾与女子在长亭相聚，今朝却已见不到她的身影，她此刻去了哪里呢？

虽然不舍，男子也必须离去了。他乘船而去，仿佛乘赤鲤而去的水中仙人琴高。留在城中，暗自伤心的女子，犹如泪凝如血的薛灵芸。

琴高典出《水经注》，赵国人琴高善鼓琴，为康王舍人。他于砀水中取龙子，让弟子在水边设屋祠等待。后来，他果然乘赤鲤鱼出现。一月之后，琴高复入水中。“红泪”典出《拾遗记》，魏文帝美人薛灵芸离别父母，以壶承泪，壶中泪凝如血。

诗人连用两个神话，将实景化为虚境。男子像琴高一样赤鲤凌波而去，必有仙人之姿。女子如薛灵芸一般泣泪如血，必然是不一般的美人。如此神奇的比喻，让情人之间的别离不再沉重，显得神奇而轻灵。这种微妙的感觉，在送别诗中是极为罕见的。

此诗中的女子是谁呢？有人说，那是李商隐的情人。也有人考证，诗中描写的，是李商隐的朋友李郢与情人作别。诗中的女子不知来自何方，姓甚名谁，相貌年龄。男子的身份也未可知。但是，这样模糊的一对主角，情感却充沛而清晰。

李商隐的诗文里，美人颇多。他有一双善于发现美的眼睛。那些擦肩而过、萍水相逢的美人，得到了他由衷的赞美。他对女子的赞美，并不停留在容貌的描摹上，而是通过对环境的勾勒和对幻境的想象，抒发出沉醉深婉的迷人气氛。

他承认自己是多情之人。供职于东川节度使柳仲郢幕府之时，他旧疾复发，独居于官舍，写下了《属疾》，其中就有“多情真命薄”之句。

许靖犹羁宦，安仁复悼亡。

兹辰聊属疾，何日免殊方。

秋蝶无端丽，寒花只暂香。

多情真命薄，容易即回肠。

安仁即潘岳。妻子去世后，李商隐多次想起潘岳，那位才华横溢却命途多舛的西晋才子。他拥有震惊世人的容貌，妻亡后作了三首悼亡诗，开悼亡诗之先河。李商隐称赞潘岳的悼亡诗情真意切，在《哭刘蕡》中写道："只有安仁能作诔，何曾宋玉解招魂。"

潘岳文如其人，对亡妻一往情深，坚持不再续弦。李商隐也一样。纵然秋蝶美丽，寒花飘香，诗人却浑不在意。妻子的离去，甚至带去了他对人世的眷恋。他们的多情，本是深情，绝非滥情。

李商隐曾经在文章中解释过："至于南国妖姬，丛台妙妓，虽有涉於篇什，实不接於风流。"那些萍水相逢的美人，虽然曾经在他的诗文中出现，却不是他的情人。他对待男女感情是专一而慎重的，并非风流浪子。

在东川柳仲郢幕府中，他过得还算不错。柳仲郢出身名门，他的父亲和叔父都是朝中重臣，其中叔父柳公权还是著名的书法家。这样的家庭，让柳仲郢兼具政才与文才，发自内心欣赏李商隐的才华。他出巨资为聘，邀请李商隐去幕府供职。后来，又为他奏请了检校工部郎中的职位。

柳仲郢对李商隐颇为关照，同情他鳏居的孤独处境，常常请他去参加宴会。宴会上，照例有营伎歌舞助兴。一位名叫张懿仙的貌美歌伎，歌声柔婉动人，尤其喜欢吟唱李商隐的诗，很快吸引了他的注意。好几次，他抬头望向张懿仙，正迎上她含情脉脉的目光。

柳仲郢察觉到了张懿仙对李商隐的好感，决定将这位才貌双全的姑娘赐给他。没想到，李商隐竟然婉拒了。为了郑重地表达谢意，他特意给柳仲郢写了《上河东公启》。

商隐启：两日前，于张评事处伏睹手笔，兼评事传指意，于乐籍中赐一人，以备纫补。某悼伤以来，光阴未几。梧桐半死，方有述哀；灵光独存，且兼多病。眷言息胤，不暇提携。或小於叔夜之男，或幼于伯喈之女。检庾信荀娘之启，常有酸辛；咏陶潜通子之诗，每嗟漂泊。所赖因依德宇，驰骤府庭。方思效命旌旄，不敢载怀乡土。锦茵象榻，石馆金台，入则陪奉光尘，出则揣摩铅钝。兼之早岁，志在玄门，及到此都，更敦夙契。自安衰薄，微得端倪。

至于南国妖姬，丛台妙妓，虽有涉於篇什，实不接於风流。况张懿仙本自无双，曾来独立，既从上将，又托英寮。汲县勒铭，方依崔瑗；汉庭曳履，犹忆郑崇。宁复河里飞星，云间堕月，窥西家之宋玉，恨东舍之王昌。诚出恩私，非所宜称。伏惟克从至愿，赐寝前言，使国人尽保展禽，酒肆不疑阮籍。则恩优之理，何以加焉。干冒尊严，伏用惶灼。谨启。

写完这封感情真挚的书信，李商隐又回忆起妻子陪伴在身边的那些日子。妻子原是名门贵女，从小备受宠爱。自从出嫁，就过着清苦的生活。李商隐四处漂泊，夫妻聚少离多。她在家中默默操持家务，毫无怨言。每次回家，妻子都备好衣物饭食等待着他。每次遇到不平之事，妻子都温柔地劝慰他。

妻子留给他的温暖，足够陪伴他度过余生。他的心中，再也容纳不下别的女人。他的身边，也不再需要别的女人。想到这里，李商隐感到了一些满足，提笔写下了《李夫人歌》。

一带不结心，两股方安髻。
惭愧白茅人，月没教星替。
剩结茱萸枝，多擘秋莲的。
独自有波光，彩囊盛不得。
蛮丝系条脱，妍眼和香屑。
寿宫不惜铸南人，柔肠早被秋波割。
清澄有余幽素香，鳏鱼渴凤真珠房。
不知瘦骨类冰井，更许夜帘通晓霜。

土花漠碧云茫茫，黄河欲尽天苍黄。

“一带不结心”典出梁武帝萧衍的《有所思》：“腰中双绮带，梦为同心结。”两条带子才能结成同心结，两股头发才能合成发髻。所以，两人都健在才是夫妻啊。

白茅人，指汉武帝的方士。汉武帝曾经请方士给李夫人招魂。“月没教星替”典出《老子》：“百星之明，不如一月之光。”汉武帝怀念去世的李夫人，任何美人也取代不了李夫人在他心中的位置。正如诗人怀念自己的妻子，不能接受色艺双绝的张懿仙。

李商隐不像汉武帝一般，幻想妻子可以复活。他知道人死不能复生，只能用一遍遍的回忆将妻子铭刻在心底。

与世长辞·只是当时已惘然

锦瑟无端五十弦，一弦一柱思华年。

庄生晓梦迷蝴蝶，望帝春心托杜鹃。

沧海月明珠有泪，蓝田日暖玉生烟。

此情可待成追忆，只是当时已惘然。

——《锦瑟》

这个春天，缠绵病榻的李商隐做了一个梦。在梦中，他回到了意气风发的青年时代。那时候，他刚刚进士及第，仿佛前程无可限量。在韩瞻的引荐下，他来到王茂元府中聚会。席中，李商隐与人高谈阔论，继而挥毫直书，众人不断夸赞喝彩。

屏风后面，有一个窈窕的姑娘在偷偷打量他。与他目光交汇之时，姑娘的眼神慌乱得像一只小鹿，他还是看得出，目光中包含着崇拜。不知那种崇拜，源于他的诗才还是他的书法，那都是爱情的开端。

这个梦很美。李商隐醒来之时，嘴角还带着微笑。这几年的光阴，他都是在缅怀与遗憾中度过的。他缅怀与妻子相守的温馨时光，遗憾从前没能好好陪伴在妻子身旁。很多次，他在梦中见到妻子忙着烹饪饭食、缝补衣裳、照拂儿女。这是第一次，他在梦中见到少女模样的妻子，与她初相识。

回味着梦境里的美好场景，一句诗浮现在他的脑海："贾氏窥帘韩掾少。"妻子当初在屏风内看他，就像贾充的女儿在门帘后窥看韩寿，对俊秀多才的青年心生爱慕。

天还没亮。门外有东风吹过，莲塘外响起了轻雷。想必细雨正飘洒在原野上，催发花草萌动。现在正是万物复苏的春天。他与妻子相识，也是在春天。或许想到此处，他起身点了灯，写下了《无题·飒飒东风细雨来》。

飒飒东风细雨来，芙蓉塘外有轻雷。
金蟾啮锁烧香入，玉虎牵丝汲井回。
贾氏窥帘韩掾少，宓妃留枕魏王才。
春心莫共花争发，一寸相思一寸灰！

细雨迷濛，轻雷乍响，春天已至，万物萌发。这两句诗，暗用了“梦雨”和《长门赋》两个典故，预示着爱情将至。

金蟾，指蟾蜍模样的金色香炉。旋转香炉的锁，可以放入香料。玉虎，指玉制的老虎状轱辘。摇动轱辘，牵引井索，可从井中取水。“烧香”“牵丝”，本是无聊时的家常琐事，巧妙地嵌入了“相思”的意思。

“贾氏窥帘”典出《世说新语》。韩寿长相俊美，是贾充的属吏。贾充在家举办宴席，邀请众宾客。他的小女儿喜欢韩寿，时常在门帘后窥看，不久以身相许。贾充得了皇帝赐予的西域奇香，小女儿窃香赠给韩寿。贾充在韩寿身上闻到奇香，猜测小女儿与韩寿有私情，于是让两人成婚。

“宓妃留枕”典出《昭明文选·洛神赋》。李善在注解中讲述，曹植曾思慕甄氏，曹操却将甄氏嫁给曹丕。甄氏去世后，曹丕把她的玉枕送给曹植。曹植途径洛水，梦见甄氏，作《感甄赋》，被明帝改为《洛神赋》。

春心，即追求爱情的心情。春心切莫和春天的花朵争荣竞发。到最后，每一寸相思都变成了灰烬。前面几句都在寓示爱情，最后一句却带来强烈的幻灭感。诗人仿佛陡然从睡梦中清醒，明白妻子已经去世，满腔相思必然化为灰烬。

不断的追忆和感伤中，李商隐的身体越来越坏。也许是积劳成疾，也许是忧思成疾，不过四十出头的年纪，却时常缠绵病榻。周围的人都说，他两鬓斑白，皱纹深陷，看上去老态龙钟。只有他自己知道，他的眼睛越来越浑浊，牙齿也开始松动，经常彻夜难眠，原本是壮年，早有暮年的衰微之感。

这年春天，李商隐的生活迎来了转机。柳仲郢出任吏部侍郎，又改任兵部侍郎、充诸道盐铁转运使。他为李商隐奏请了盐铁推官。这是个不错的职务，不是很繁忙，待遇也比较优厚。从此，李商隐可以不再为生计发愁，也有时间写诗作文。

一切仿佛都好起来。然而，没过多久，李商隐生了一场大病。他的身体已经透支太久，无法痊愈，只好请假回了长安。有时候漫无目的出门走走，有时候整理一会儿诗稿。乏累了，就在家中睡一整天。转眼间，到了秋天。

这一天，他独自来到曲江之畔。平日里热闹的江岸空无一人，几只小舟随意地停靠着。寒冷的秋风中，李商隐回忆起与妻子同游曲江、共赏荷花的那些时光。

他们尚未成亲，正在议婚。为了增进感情，两人相约在夕晖下来到曲江。那一天过得很快，七妹既欢乐又紧张，笑容中带着姑娘家的羞涩。七妹渡水之时，不小心打湿了罗袜。游江回来，李商隐写下了《荷花》。

都无色可并，不奈此香何。
瑶席乘凉设，金羁落晚过。
回衾灯照绮，渡袜水沾罗。
预想前秋别，离居梦棹歌。

回忆起白天约会的欢畅，他心下欢喜。一想到秋天即将分别，他的心中泛起一丝惆怅。不久之后，他们就会分别。到那时，就只能在梦中与佳人荡舟赏荷了。

婚后，李商隐再次携七妹来到曲江看荷花。他仕途不畅，心情也压抑，难得妻子温柔体贴，与他同甘共苦。两人站在岸边，同赏盛夏的荷花。花叶相依，犹如夫妻祸福相伴，不离不弃。李商隐心有所感，吟出了《赠荷花》。

世间花叶不相伦，花入金盆叶作尘。
惟有绿荷红菡萏，卷舒开合任天真。
此花此叶常相映，翠减红衰愁杀人。

世人对待花和叶的态度大为不同。他们把花朵栽种在金盆里，却让叶子堕为尘埃。只有荷花与荷叶相依相偎。荷叶舒卷，荷花开合，和谐自然。诗人希望荷花与荷叶永远交相辉映。他一想到秋天，花叶衰减，不由得愁上心头。多愁善感的诗人也想到，他们夫妻虽恩爱无比，实非长生不老之人，终有一日要离开这个世界啊。

时过境迁。当年担心的事情，如今真实地发生了。妻子已经去世，他拖着生病的身体来到曲江边。江中荷叶早已凋敝，枯槁而萧条。心中愁绪难以排解，他写下了《暮秋独游曲江》。

荷叶生时春恨生，荷叶枯时秋恨成。

深知身在情长在，怅望江头江水声。

那年荷叶初生之时，他与妻子初相识，来到曲江游玩。春天结束的时候，他离开妻子远行，春恨渐生。多年后的暮秋，他独自来到江畔。荷叶已枯，妻子已逝，秋恨又成。沉疴难愈，诗人预感到自己时日无多。秋风渐起，江水呜咽，诗人再次对亡妻表白：只要我的身躯还存于世间，对你的感情就不会消失。他的表白朴实又坚定，却再也不会收到任何回应。

又一个傍晚，他在家整理了一会儿诗稿，感到身体不适，心情也不太好，决定驱车去乐游原转转。乐游原是长安的一片高地，是登高远眺、春游踏青的好地方。在那里，可以遥望长安城。

李商隐站在空旷的原野上，被眼前的美景惊艳了。云彩绚丽多彩，堆积在天边。夕阳透过云层，金光洒在长安城的瓦檐上，洒在曲江的微波上，洒在乐游原的草木上，万物祥和而宁静。金光洒落在他沉重的身体上，抚慰着他沧桑的心灵。仿佛就在一瞬间，他疲倦的身体轻松了下来，一句诗脱口而出："夕阳无限好。"

夕阳坠落得越来越快，天色黯淡下来。诗人怅然若失，吟出了《登乐游原》。

向晚意不适，驱车登古原。
夕阳无限好，只是近黄昏。

这首随口吟成的小诗，没有典故，没有修饰。短短的二十字，却成了千古名诗。落日无限美好，但是这种美好不可久留，转瞬即逝。回到长安养病的这段日子闲适安乐，但他预感到，自己将要走完一生的旅程了。

后人常常用"夕阳无限好"来形容幸福的晚年生活。然而，对于久病不愈的李商隐而言，享受晚年生活也许是一种奢望啊。所以，他在小诗的最后写出了无奈和遗憾："只是近黄昏。"

在桂林的时候，李商隐曾经也写过一首赞美黄昏的小诗，名叫《晚晴》。

深居俯夹城，春去夏犹清。
天意怜幽草，人间重晚晴。
并添高阁迥，微注小窗明。
越鸟巢干后，归飞体更轻。

那时候，他的住所地势较高，可以俯瞰夹城。就像《登乐游原》中，他站在乐游原遥望长安城。桂林的气候不错，虽然到了夏日，天气还像春天一样清和温润。

到了傍晚，雨过天晴，幽僻之地的小草也沐浴到了阳光。诗人想，也许就是天意爱惜这些弱小的生命吧。人世间分外重视傍晚的晴天，就好像饱经风霜之后，在暮年终于转了好运。

这首诗的风格轻快开朗，是李商隐的诗作里难得的亮色。在桂林的时候，他的身体还没有特别糟糕，妻子尚在人世。他相信总有雨过天晴的时候，哪怕是在晚年。这样的期待，在《登乐游原》中已消失殆尽。

在京城逗留了一段时日，李商隐有了落叶归根的想法，回到了老家。身处故乡，仿佛离那些去世的亲人更近了。他时常想念那些去世的亲人。曾祖父只活到二十九岁，祖父、父亲都早早去世。堂叔李处士隐居不仕，远离世事烦忧，也没有活过中年。李商隐自知无法躲过短寿的厄运，不再抱有痊愈的奢望。他最后的心血凝结成了一首诗——《锦瑟》。

锦瑟无端五十弦，一弦一柱思华年。
庄生晓梦迷蝴蝶，望帝春心托杜鹃。
沧海月明珠有泪，蓝田日暖玉生烟。
此情可待成追忆，只是当时已惘然。

《锦瑟》素来被称为最难懂的诗。元好问写过一组《论诗》绝句，其中一首写道："望帝春心托杜鹃，佳人锦瑟怨华年。诗家总爱西昆好，独恨无人作郑笺。"李商隐的诗深情绵邈、朦胧优美，却恍惚迷离。后来效仿李商隐的西昆体，也同样晦涩难懂。

清代王士祯读了元好问《论诗》，写下《戏仿元遗山论诗绝句》，评价李商隐："一篇《锦瑟》解人难。"也许正因为费解，《锦瑟》吸引了许多尝试解读的人。

有人认为这是一首怀人的爱情诗。也许是怀念去世的妻子，也许是追忆与宋华阳、柳枝的恋情，也许是怀念令狐楚家中名叫"锦瑟"的侍女。有人认为这仅仅是咏物诗，咏的就是锦瑟这种乐器。更多人认为，这是诗人回顾一生、自伤身世的作品。

锦瑟，即带有锦绣纹饰的瑟。无端，即无缘无故。世事无常，往往是没有逻辑、不受掌控的。“无端”一词，显出无奈又无力的宿命感。

此句典出《汉书》：“泰帝使素女鼓五十弦瑟，悲，帝禁不止，故破为二十五弦。”传说，瑟本为五十弦。泰帝觉得五十弦的瑟音调太过悲切，就将其改为二十五弦。诗人描写这种仅存在于传说中的五十弦瑟，也许是因为心中有悲伤之情，也许是因为自己年近五十岁。

一弦一柱，指瑟上奏音的弦和调音的柱，每一弦都有一柱。瑟本是一种常见的乐器。诗人悲伤难抑，只觉瑟的一弦一柱象征着流逝的岁月，曾经的青春年华。

庄生即庄周，典出《庄子》。庄周在梦里变为蝴蝶，醒来依然是庄周。恍惚间，他不知蝴蝶梦庄周，还是庄周梦蝴蝶。诗人回望自己的一生，也有浮生若梦之感。

望帝是传说中的古蜀国国君杜宇。洪水泛滥，鳖灵治水立功，杜宇禅位于他。鳖灵施以暴政，杜宇魂魄化为杜鹃。春心，本指相思爱慕的情怀，此处泛指对理想的追寻。望帝国失身死，只能将治国的理想寄托于杜鹃的啼血哀鸣。诗人报国壮志未酬，也只能将没能实现的理想寄托于诗句。

援引了多处典故，诗人的笔触忽然变得轻灵，绘出一副宁静寂寥的画卷。月光照在辽阔的海面上。海中有鲛人，泣泪成珠。阳光照在蓝田山，山中美玉升起缥缈的烟雾。这些意象，看上去并无关联，都是绝美却可望而不可即之物。

沧海遗珠、蓝田美玉，如同人世间许多擦肩而过的美好事物。时过境迁，回忆美好的往事，许多人都会有留恋与追悔之意。诗人更加善感，在事件发生的时候就产生了惘然之情。

写完这首诗，李商隐悄无声息地离开了人世。晚唐风云变幻的朝局中，他是一个微不足道的小人物。他的离世，除了亲人悲伤，对其他人造不成什么影响。只有诗人崔珏痛惜他壮志未遂，写下了《哭李商隐》。

成纪星郎字义山，适归高壤抱长叹。
词林枝叶三春尽，学海波澜一夜干。
风雨已吹灯烛灭，姓名长在齿牙寒。
只应物外攀琪树，便著霓裳上绛坛。

虚负凌云万丈才，一生襟抱未曾开。
鸟啼花落人何在，竹死桐枯凤不来。
良马足因无主踠，旧交心为绝弦哀。
九泉莫叹三光隔，又送文星入夜台。

“虚负凌云万丈才，一生襟抱未曾开。”虽是对李商隐一生中肯的评价，却不免太过悲切。因此，如同当年李商隐给李贺写小传，崔珏也在想象中给李商隐安排一个美满的结局。经历了凡间的种种的挫折，诗人又变回了文曲星。